图解资本论

谢洪波 编著

中国华侨出版社

北京

图书在版编目 (CIP) 数据

图解资本论 / 谢洪波编著 . — 北京 : 中国华侨出
版社 , 2021.3（2021.5 重印）
　　ISBN 978-7-5113-8376-1

Ⅰ . ①图… Ⅱ . ①谢… Ⅲ . ①马克思著作 – 马克思主
义政治经济学 – 学习参考资料 Ⅳ . ① A123

中国版本图书馆 CIP 数据核字（2020）第 216269 号

图解资本论

编　　著 / 谢洪波
责任编辑 / 黄　威
封面设计 / 冬　凡
文字编辑 / 朱立春
美术编辑 / 李丹丹

经　　销 / 新华书店
开　　本 / 880mm×1230mm　1/32　印张 / 8　字数 / 186 千字
印　　刷 / 三河市华成印务有限公司
版　　次 / 2021 年 3 月第 1 版　　2021 年 10 月第 5 次印刷
书　　号 / ISBN 978-7-5113-8376-1
定　　价 / 46.00 元

中国华侨出版社　北京市朝阳区西坝河东里 77 号楼底商 5 号　邮编：100028
法律顾问：陈鹰律师事务所
发 行 部：（010）88893001　　　传　　真：（010）62707370

如果发现印装质量问题，影响阅读，请与印刷厂联系调换。

　　经济无时无刻不在影响和改变着我们的生活。大到世界范围的金融风暴，小到每一份财富的获得和积累，经济时时处处都在扮演着十分重要的角色。现如今，经济学不只是专业人士的研究对象，即使是普通人，要想顺应时代的变迁，洞悉财富的奥秘，读懂经济学也是必备的功课。

　　想要了解经济学，不能不读《资本论》。《资本论》是马克思政治经济学研究的高峰，同时也是马克思主义重要的百科全书，堪称全球最具影响力的经济学巨著，已被译为70多种文字出版，销量突破20亿册。它从资本的生产到资本的流通，深刻揭示了资本运行的基本原理，展现了资本的本质和力量，全面剖析了资本主义的社会经济形态。

　　一切解读经济现象的经济学专著乍看上去都晦涩难懂，高不可攀，以至于令许多人望而却步，《资本论》也不例外。针对这一现象，我们采取了更为直观的图文呈现手法，引入"图解"理念，推出《图解资本论》一书，以便读者能够快速获取大量信息。

　　本书撷取了《资本论》的精华部分，在秉承原著观点的基础上，以现实生活中常见的商品为例，配以大量的解析图表、示意图、历史照片等，更加直观、生动地将经济学的各种观点和理论呈现在读者面前。涉及的内容有商品和货币、剩余价值的产生、绝对剩余和相对剩余、资本的积累、资本形态和资本周转、社会总资本的生产和流通，以及商品资本、货币资本和利润等。

　　编者力图通过全新的视角、精练简洁的文字、科学的体例和创新的版式设计等多种元素有机结合，全方位、多层面地向读者呈现这部经济学巨著，帮助读者在较短的时间内轻松掌握经济学原理，从容应对生活中的各种经济问题。

目录
CONTENTS

第一章

商品和货币

商　品

商品的二因素

　　资本主义生产方式占统治地位的社会财富，表现为"庞大的商品堆积"，单个的商品是这种财富的元素形式。因此，我们就先从商品开始。

　　商品首先是一个外界的对象，一个靠自己的属性来满足人的某种需要的物。

　　商品有两个因素：使用价值和价值。

　　物的有用性，即满足人们需求的效用称为商品的使用价值，比如梳子可以用来梳头发，这种有用性决定于商品本身的属性。因此，商品本身的使用价值可以从质和量两个角度来考察：使用价值的质是由商品本身的自然属性决定的，例如梳子可以用木头、铁等做成，馒头是用小麦磨面做出来的。它们的自然属性不同，使用价值也就不同。并且，同一种商品，又可以有多种自然属性，因而又具有多方面的使用价值。使用价值的量是以一定的规定性为前提的，商品的性质不同，计量的商品尺度也就不同，例如，一把梳子、一尺布、一吨铁等。

　　商品是为交换而产生的劳动产品，一切商品都具有使用价值和价值两个因素，商品是使用价值和价值的统一体，缺少其中任何一个因素，就不能成为商品。

空气、山川河流、天然湖泊等，不是劳动产品，虽然它有使用价值，但因为没有价值，所以不是商品。同样一个物尽管有用，而且也是人类劳动产品，但生产者生产它只是为了满足自己的需要，并不用于交换，那它也不是商品。如果要将它变为商品，则必须通过等价交换，把它转移到另一个人（在那里其使用价值得到体现）手里。另外，一个物虽然是劳动产品，但由于没有使用价值，也不能成为商品，如劳动生产中的报废产品。

如果你做了一把梳子，只为了自己用，那么这把梳子就只有使用价值。做梳子的工厂里，生产出来的少数不能用的报废梳子，虽然是经过劳动产生的，但是它没有使用价值，也不是商品。只有你做了梳子，而其他人用钱或物（比如馒头）和你交换，拿梳子去梳头发了，这个梳子才是商品。

所以，商品是使用价值与价值的统一。

在一切社会形态中，使用价值总是构成财富的物质内容。而

我们所要考察的社会形态中，使用价值同时又是交换价值的物质承担者。如果你有 2 万把可以梳头的梳子，那这就是你的财富。如果你想要得到这笔财富，必须要通过交换来实现。

交换价值，首先表现为一种使用价值同另一种使用价值相交换的量的关系或比例。例如，如果一把梳子可以换 2 个馒头，那么 2 个馒头就是一把梳子的交换价值。一种商品可以有多种交换价值，并且，不同使用价值之间的量的比例关系在交换中会随着时间和地点的不同而不断改变。比如现在，本地 1 把梳子 =2 个馒头 =1 个练习本 =2 块糖，但是有的地方就不能按这个比例交换得到。过去呢，1 把梳子可以换 4 个馒头或 10 块糖。将来会怎样，就不清楚了。

不同的商品能够按照一定比例相交换，例如 1 把梳子 =1 个馒头，说明在这两种不同的物里面，存在着一种等量的东西。如果撇开商品的使用价值，商品就只剩下一种属性，那就是劳动的生产物，在它们身上都有商品生产者一定数量的劳动凝结在里面，这共同的人类劳动凝结，就是一切商品所具有的共同的东西。不同的商品之所以能在量上按一定比例相互交换，正在于它们凝结了等量的人类劳动，这种凝结在商品中的无差别的人类劳动，就是商品的价值。你做一把梳子的劳动量，也就等于他蒸一个馒头的劳动量，而你们的劳动已经与梳子和馒头牢牢地结合在一起，分不开了，这个劳动也就是梳子和馒头的价值。

在商品交换中，商品交换价值所表现出来的共同东西，不是

图解资本论

商品的使用价值，而是价值。商品价值由凝结在商品中的人类一般劳动形成，人类一般劳动是形成商品价值的实体。商品的交换价值只是商品价值的表现形式，商品则是商品交换价值的内容。

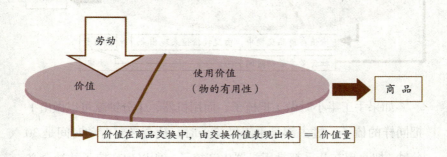

商品的价值由生产商品所耗费的劳动量来决定。这是否意味着一个人越懒，做梳子的技术越不熟练，做一把梳子用的时间越多，他的商品就越有价值？肯定不是。因为形成价值实体的劳动是相同的人类劳动，是同一的人类劳动力的耗费。而体现在商品价值中的社会的全部劳动力，在这里是当作一个同一的人类劳动力，虽然这个同一的人类劳动力由无数单个劳动力构成。我们知道，在现在同一社会条件下，计算一个商品价值的劳动量不是个别人的劳动时间，而是平均必要劳动时间或社会必要劳动时间。什么是社会必要劳动时间呢？社会必要劳动时间是在现有的、社会正常的生产条件下，在社会平均的劳动熟练程度和劳动强度下，制造某种使用价值所需要的劳动时间。

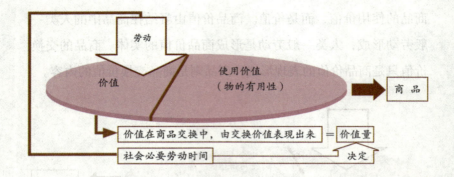

如果手工半小时做 1 把梳子，而用机器，1 分钟就可以做出 1 把同样的梳子。过去都是手工做梳子时，社会必要劳动时间是 30 分钟 / 把，现在几乎都是用机器生产梳子，所以生产梳子的社会必要劳动时间可以看成 1 分钟 / 把，那过去工作 30 分钟只相当于现在 1 分钟的劳动，那么，现在劳动的价值也就是原来的 1/30 了。

决定商品价值量的社会必要劳动时间不是固定不变的，它会随着劳动生产力的变化而变化。劳动生产力取决于多种因素，其中包括：劳动者的平均熟练程度、科学技术的发展及其在生产工艺上的应用程度、生产过程中的社会组织、生产资料规模的效应以及自然条件等。总之，劳动生产力越高，生产一种物品所需要的劳动时间就越短，凝结在物品中的劳动量就越小，该物品的价值也就越小。反之，劳动生产力越低，生产一种物品所需要的劳动时间就越长，该物品的价值也就越大。因此，商品的价值量与生产商品所耗费的社会必要劳动时间成正比，而与生产商品的劳动生产力成反比。

从马克思时代到现代社会，商品的范围变得更大更广了，天

图解资本论

上飞的飞机、地上跑的磁悬浮列车、海底穿梭的核潜艇……还有如电脑、互联网、DNA 亲子鉴定等，都是与我们日常生活息息相关的商品形式。虽然这些商品琳琅满目，用理论说明时也变得复杂多样，但是它们仍然都具有商品的二因素属性。

首先，它们能靠自己的自然属性来满足人的某种需求，具有使用价值（通常具有多种使用价值）。飞机能够满足人们的远距离出行、运输大宗货物、快速救援等需求；电脑能够满足人们进行信息交流、文字处理和软件编辑等一系列的需求……

其次，它们都是用于交换的劳动产品，不但具有交换价值，而且也有价值，都是凝结在飞机或者电脑上的无差别的人类劳动。在这一点上，飞机与电脑是无差别的。电脑与飞机相比，外表的差异很大，但是不管制造飞机和电脑在时间上、工序上，以及工人数量上存在多大差距，决定它们价值量的因素是一样的，那就是社会必要劳动时间。每一个电脑新品、新型号的飞机或是其他商品推出时，它的价格都会很高，但是随着时间的推移，它们的价格几乎都会有不同程度的下降，为什么？

拿电脑来说吧，新产品上市前的研发过程消耗了大量的劳动时间，因此，它上市的价值不只表现生产所需的社会必要劳动时间，还得加上研发它的社会必要劳动时间。随着它的大量生产，劳动者的平均熟练程度提高，工厂会改进生产工艺，来降低生产上的社会必要劳动时间，而由于产量的加大，平均分配到每一台电脑上的研发劳动时间也降低了，最后降低了"新商品"的价值量。因为商品的价值量与生产商品所耗费的社会必要劳动时间成正比关系，表现到现实就是价格降低了。生产电脑的过程中，劳动者的平均熟练程度提高，生产工艺改进等都属于劳动生产力的提高，而商品的价值量与生产商品的劳动生产力成反比的关系，表现到现实就是价格降低。

关键词：商品　价值　使用价值　交换价值　社会必要劳动时间　劳动生产力　价值量

劳动的二重性

商品的二因素是指由劳动产生的价值和交换后的使用过程中表现出的使用价值。其中劳动起着至关重要的作用，生产商品的劳动具有二重性，即具体劳动和抽象劳动。

以 1 把木梳和 1 个馒头为例，假设 1 把木梳的价值比 1 个馒头的价值大一倍，若 1 个馒头 $=W$，那么 1 把木梳 $=2W$。木梳有能够满足人们一种特殊需要（梳头）的使用价值。生产木梳，就需要进行特定专门的生产劳动。生产劳动又是由它的目的、操作方式、对象、手段和结果决定的。

这种以一定具体形式进行的有用劳动，就是具体劳动。具体劳动与物质相结合创造了使用价值。木匠生产出木梳，无论是自己用还是出售给他的顾客用，木梳都具有使用价值。同时，木梳和生产木梳的劳动之间的关系，并不因为木匠成为专门职业而有所改变。只要人类存在，就会有梳头发、吃饭的需要，在木匠、厨子这些职业产生以前，人们就早已使用木梳，吃上馒头了。但是，木梳、馒头以及任何一种不是天然存在的物质财富要素，总是必须通过某种专门的、适合特殊的人类需要的、有目的的生产活动才能创造出来，即有用劳动。每个商品的使用价值都包含着一定的、有目的的有用劳动。因此，作为使用价值的创造者，有用劳动（具体劳动）存在于一切社会形态中，是人类生存的基础条件。

现在，我们放下商品的使用价值，着手对商品价值进行考察。

上例中，假如1把木梳的价值比1个馒头的价值大1倍，那么，2个馒头的价值量就等于1把木梳的价值量。从价值上考虑，木梳和馒头都是具有相同属性的实物，是人类劳动的具体体现，但做木梳和蒸馒头是两种不同形式的劳动。在有些社会状态下，同一个人可能会很多种劳动，包括做木梳和蒸馒头，这只是同一个人的两种不同劳动方式。如果把劳动的具体形式撇开，劳动就只剩下一点：人类劳动力的耗费。这种撇开具体形式的无差别的人类劳动，就是抽象劳动。抽象劳动形成商品的价值。尽管是两种或多种不同的劳动方式，但它们都是人的肌肉、神经、手等的生理耗费，从这个意义上说，二者都是人类劳动，是人类劳动力耗费的两种不同形式。

各种劳动化为当作它们的计量单位的简单劳动的不同比例，

是由生产者背后的社会过程决定的。为了简便起见，我们以后把各种劳动力直接当作简单劳动力，这样就省去了简化的麻烦。

正如在分析木梳和馒头的价值时，抽去它们使用价值的差别一样，在分析创造这些价值的劳动中，劳动的有用形式的区别也被抽去。作为使用价值的木梳或馒头，是有一定目的的人类劳动同木材或小麦的结合，而作为价值的木梳或馒头，不过是人类无差别劳动的凝结。同样，这些价值所包含的劳动之所以算作劳动，并不是因为它们同木材或小麦发生了具体的劳动关系，而是因为它们是人类劳动力的耗费。正是由于这两种不同的劳动方式，它们才形成了木梳或馒头的使用价值。

一切劳动，从一方面看，是人类劳动力在生理学意义上的耗费，作为相同的或抽象的人类劳动，它形成商品价值。从另一方面看，是人类劳动力在特殊的、有一定目的的形式上的耗费，作为具体的有用劳动，它生产使用价值。

关键词：劳动的二重性　具体劳动　抽象劳动

商品的交换及拜物教

商品的交换

商品是物，不能自己到市场去，更不能自己去交换。因此，商品要进行交换，就必须找个"监护人"，即商品所有者。通过

图解资本论

◎17世纪农民自由交易图。

监护人的意愿，商品之间彼此发生关系，即交换。交换是双方的事，只有双方彼此尊重对方的意愿，才能出让自己的商品，占有别人的商品，来完成交换过程。所以，商品监护人必须彼此承认对方是私有者，互不侵犯对方对自己商品的占有权。这种契约式的法权关系，也是商品所有者之间的意志关系，其内容是由这种经济关系本身决定的。在这里，商品监护人彼此只是作为商品的代表即商品所有者存在，因此，商品的交换必须以商品所有者的行为为媒介。

　　商品所有者与商品有很大区别。最大区别在于：一个是人，一个是物。人有感觉器官，有思维；物则没有。就商品而言，每个个别的商品只是它本身的价值的表现形式，不管对方是美是丑，是方是圆，只要价值量相等，商品之间就可以互相交换。然而商品所有者与此不同，他用自己的感觉器官和思维，来弥补商品所缺乏的感知其他商品具体属性的能力。对商品所有者来说，他所占有的商品对他自己没有直接的使用价值，否则，他就不会把它拿到市场上去交换，但他的商品对别人有使用价值。在商品所有者看来，商品是交换价值的承担者，只是一种交换手段，所以，他愿意出让没有使用价值的商品，来换取另一方的对他来说有使用价值的商品。一切商品，对它们的所有者来说，都是非使用价值；而对非所有者来说，都是使用价值。因此，商品转让就形成商品交换。而商品交换则使商品之间发生价值关系并作为价值来实现。所以，商品在实现使用价值以前，必须先作为价值来实现。

商品在实现价值以前，必须证明自己有使用价值。因为耗费在商品上的人类劳动，只有耗费在对他人有使用价值的基础上，价值才能得以实现。但是，这种劳动对人是否有用、它的产品是否能够满足人们生活的需要，只有在商品交换中才能得到证明。木梳能梳头发，别人才愿意去交换；馒头能吃，才能被买走……

每个商品所有者都想用自己的商品来换取另一种具有使用价值并能够满足本人需要的商品，从这一点看，交换只是商品所有者个人的交换过程。但是交换过程不是一个人就可以完成的，必须通过他所中意的其他任何一种具有同等价值的商品来实现，不管自己的商品是否能为另一所有者提供使用价值。就这一点说，交换又是一般社会的过程。

我们仔细观察一下就会发现，对每一个商品所有者来说，任何其他商品都是他现有商品的特殊等价物，他的商品则是其他一切商品的一般等价物。一切商品所有者都这样做，因此就没有一种商品能够成为一般等价物，商品也就不具有能够互相比较价值量的、一般的相对价值形式。所以，它们并不是作为商品，而只是以产品或使用价值的形式相互对立着。

商品的本质特征通过商品所有者的天然本能表现出来。他们只有使自己的商品同任何一种可以作为一般等价物的商品相对立，才能使自有的商品以价值的形式与其他商品彼此发生关系——商品分析已经表明了这一点。只有社会的商品交换活动才能使一种特定的商品成为一般等价物。因此，在商品交换过程中，商品所有者会通过他们的社会行动使某种特定的商品从其他商品中分离出来，并通过这种商品来全面表现其他商品的价值。于是，这一商品的自然形式就成为社会公认的等价形式，而充当一般等价物就成为这个被分离出来的商品的特殊社会职能，这种商品就成为货币。

商品拜物教

从商品的使用价值来说，商品是依靠其自然属性来满足人的需要的，而这种属性是人类劳动的产品（木梳满足人梳头的需要，是人通过劳动做出来的）。由此看来，商品本是商品生产者的劳动产品，毫无神秘可言。

在资本主义商品经济条件下，人与人之间的生产关系，是通过物与物的关系，即商品与商品的关系来表现的。劳动产品受生产者支配。可是，一旦这些劳动产品成了商品，就不听生产者的支配了，因为它们是要被拿到市场上出卖的，至于能否卖掉，卖时是赔还是赚，就不由生产者决定了。相反，生产者则要受市场上一种无形力量的支配。这样，商品就成为一种独立于商品生产者之外的神秘力量，并支配着商品生产者的命运。因而商品生产者就像崇拜偶像一样崇拜商品。

那么商品的神秘性质是从哪里产生的呢？

商品的神秘性质是由商品形式本身产生的。劳动产品一旦变成为商品，一般人类劳动就表现为商品价值，用劳动时间来算劳动力耗费的劳动量，也就表现为用价值来计量商品的价值量。从而人类劳动社会关系也就表现为商品交换的生产关系，人与人之间的社会关系就表现为物与物之间的虚幻关系。可见，劳动产品一旦作为商品来生产，就带上拜物教性质，因此拜物教是同商品生产分不开的。

给劳动产品加上一件叫"商品"的外衣，神秘性质就产生了。它是来源于生产商品的劳动所特有的社会性质。所谓生产商品的劳动所特有的社会性质，是指私人劳动的社会性质。劳动产品之所以成为商品，是因为它是私人劳动的产品，并对产品实行

图解资本论

交换。另外，在社会分工的条件下，这种私人劳动又是整个社会总劳动的有机组成部分，其总和形成社会总劳动。这种私人劳动的社会性质，在生产过程中是表现不出来的，只有发生社会经济交往，在商品交换中才能表现出来。因此，在生产者面前，他们的私人劳动的社会关系就表现为物与物的关系。

在资本主义商品经济条件下，生产商品的劳动，既具有私人性质又具有社会性质。它直接表现出来的是私人劳动，其社会性质，只有通过商品交换才能间接地表现出来。通过商品交换，商品生产者之间才发生社会联系，他们的私人劳动才在事实上转化为社会劳动的一部分。商品本是劳动者生产出来的劳动产品，现在却成为人们命运的主宰，这就必然使商品具有一种神秘的性质，商品拜物教由此产生。

关键词：交换　商品拜物教

商品的价值形式

商品是以具体形式出现的，如：木梳、馒头、铁等，都有各自的使用价值。这是它们的自然形式，因为它们既是有用物品又是价值承担者，所以它们是商品。它们表现为商品或具有商品的形式，具有二重性：以使用价值表现的自然形式，以交换价值表现的价值形式。

商品的价值不像商品的使用价值那样可以被人们感觉到，无论什么商品不管你怎样颠来倒去，也看不到它的价值。只有作为人类劳动的具体表现的时候，商品才具有价值对象性。它们的价值对象性纯粹是社会的，因此，价值对象性只能在商品交换的社会关系中表现出来。我们只有从商品的交换价值或交换关系出发，才能探索到隐藏在其中的商品价值。现在，我们回到价值的这种表现形式，来探讨商品价值关系中包含的价值表现是怎样从简单的、偶然的价值形式一直发展到货币形式。

商品的价值只有通过商品交换才能表现出来，它是虚幻的，既看不见也摸不着。因此，交换价值就是价值的表现形式或价值形式，研究价值形式的发展，就可以了解货币的起源和本质。价值形式虽然虚幻，但是在整个历史发展进程中发挥了重要的作用，贯穿了经济发展的全过程。它经历了 4 个发展阶段，以货币表现价值，是价值形式长期发展的最后结果。

简单的、个别的、偶然的价值形式

价值形式是随着商品交换的发展而发展的。最简单的价值形式就是一个商品同另一个不同种商品的价值关系。由于一切价值形式的全部秘密都隐藏在这个简单的、个别的或偶然的价值形式中，因此，分析这个形式确有一定难度。最初的商品交换只是一种个别的行为，当时并没有商品生产，人们只是偶尔把剩余的产品拿去交换。于是，一种商品的价值就偶然地、简单地表现在另一种商品上。简单的等价形式可以用下面的等式来表示：

1 把木梳 =2 个馒头

在这个价值形式中，张三需要馒头的使用价值（吃），但他只有木梳，所以要用木梳去找李四换馒头。这里木梳是主动的，馒头是被动的。1 把木梳换 2 个馒头，那么它们处于等价形式上，馒头是表现木梳价值的材料。相对价值形式和等价形式是同一价值表现的两个要素，二者互相依赖、互为条件、不可分离。相对价值形式和等价形式同时又是同一价值表现的互相排斥、互相对立的两端，这两种形式总是分配在通过价值表现而互相发生关系的不同的商品上。木梳的相对价值形式通过馒头得以体现，馒头则只能充当等价物而不能同时处于相对价值形式。若要体现馒头的相对价值形式，等式则变成"2 个馒头 =1 把木梳"，这时，等价物就是木梳而不是馒头了，主动与被动的关系也变了。因此，同一商品在同一价值表现中，不能同时具有两种形式。而且，这两种形式是作为两极互相排斥的。

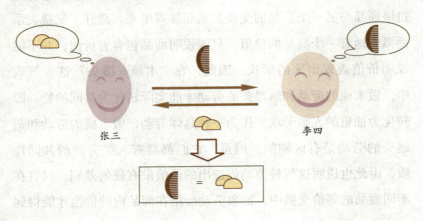

张三　　　　　　　　　　李四

一个商品究竟是处于相对价值形式，还是处于与之相对立的等价形式，完全取决于它当时在价值表现中所处的地位，就是说，取决于它是价值被表现的商品，还是表现价值的商品。

要发现一个商品的简单价值表现怎样隐藏在两个商品的价值关系中，必须撇开这个价值关系中"量"的关系。首先应该考察它的"质"的关系，不同物的"量"只有化为同一"质"的物后，才能在量上互相比较。不论"1 把木梳 = 2 个馒头"还是"1 把木梳 = 20 个馒头"，"木梳 = 馒头"是这一等式的基础，只有把等式两端的商品还原为同一性质的东西，然后才能比较它们的量。在"木梳 = 馒头"这一等式中，这两个被看作质上等同的商品，所起的作用是不同的。木梳的价值通过它同馒头的交换关系得以表现，而馒头则以自己的商品体充当木梳的等价物。馒头是价值的存在形式，是作为价值物出现的。

商品作为价值，是人类劳动的凝结，一个商品的价值性质通过该商品与另一个商品的交换关系而显露出来。离开了交换关系而孤立地看一个商品的价值，只能说明商品包含着价值，并不能说明价值表现出来的形式。因此，在"木梳 = 馒头"这一等式中，做木梳的劳动和蒸馒头的劳动才能实际转化为共同的物，即转化为抽象的人类劳动。作为一种具体劳动，做木梳的劳动和蒸馒头的劳动是有区别的，但是，它们都具有人类劳动的共同性质，由此也说明这两种劳动创造出的价值没有任何差别。只有在不同商品的等价交换中，抽象劳动凝结在商品内的价值才能得到具体的表现。

简单的价值形式是人类社会最早的价值形式。在这种价值形式中，商品的价值表现还是很不充分、很不完全的。

扩大的价值形式

随着生产力的发展和商品生产的扩大，人们用来交换的产品增多了，交换逐渐变成一种经常的活动，这时，一种商品已经不是偶然地，而是经常地同很多种商品相交换。于是，简单的价值形式就逐步过渡到扩大的价值形式。扩大的价值形式，可以用下面的等式来表示：

1 把木梳 =2 个馒头

　　　　=1 个练习本

　　　　=2 根棒棒糖

　　　　=1 双袜子

　　　　=1 个衣服架

　　　　=1 只灯泡

　　　　= 其他商品

在这种价值形式中，一种商品的价值不只是简单地、偶然地表现在另一种商品上，而是经常地表现在许多其他商品上。也就是说，木梳的价值不仅表现在馒头上，而且还表现在练习本、棒棒糖、袜子、衣服架、灯泡等许多其他商品上。这样，商品的价值才真正表现为无差别的人类劳动的凝结。因为形成这个价值的劳动现在非常明确地表现为一种劳动，其他任何一种人类劳动都与之等同，不管其他任何一种劳动具有怎样的自然形式（不管它是馒头、棒棒糖、袜子或是其他什么）。现在木梳通过自己的价值形式，不再只同某一种商品发生社会关系，而是同整个商品世界发生社会关系。此时，木梳的相对价值形式得以扩大。每一种商品，馒头、棒棒糖、袜子等，都在木梳的价值表现中充当等价物，而每一种商品的自然形式都成为一个特殊的等价形式。同时，由于经常进行交换，各种商品的交换比例也就和它们包含的价值更加接近。

在扩大的价值关系中，处在等价形式上的每一种商品，如馒头、棒棒糖、袜子等，都成为木梳的等价物，充当价值体。每一种充当等价物的商品，都以自己的自然形式充当特殊的等价形式，并与其他许多特殊等价形式并列。同样，各种不同的商品体中所包含的各种形式的具体劳动，就成为人类一般劳动的多种特殊实现形式（表现形式）。

扩大的价值形式存在着以下的缺点：

第一，商品的相对价值表现是未完成的。因为它的表现系列永无止境。每当有新的商品进入交换中，价值等式连接成的锁链就会延长。

第二，价值表现杂乱。因为它表现在种类不同而且互不关联的商品上。董大有木梳，想要灯泡；赵二有灯泡，想要棒棒糖；张三有棒棒糖，想要馒头；李四有馒头，想要袜子；王五有袜子，想要木梳……而现实中的情况其实比这更复杂。

◎随着生产力的不断发展，人们的交易活动也更加频繁。每当新的商品进入交换，价值锁链就会延长。

第三，每一种商品都有不同的、无穷无尽的价值表现系列，其价值表现是不统一的。有时是价值高的换价值低的，有时是等价值的互换，还有的时候是价值低的换价值高的。

《安徒生童话》里有个故事：

小镇上住着一对老夫妇，他们有一匹马。一天，他们想用那匹马换点更有用东西，于是，老爹就牵着马去市场。

没走多远，老爹看见有人赶着一头乳牛，老爹觉能挤出牛奶的乳牛很不错，就用马换了这头乳牛。

老爹牵着牛时遇到放羊的人，他想：家里的牧草羊儿吃刚刚好，喂牛可能少了一点。于是老爹又用牛换了一只羊。

老爹牵着这只羊继续走，看见别人抱着一只鹅，又觉得鹅不错，于是又用羊换了那只鹅。

老爹到市集的途中，又把手中的肥鹅换了一只秃尾巴的母鸡，因为老爹心想，每天早上都有新鲜的蛋可以吃，真不错。

老爹抱着母鸡满意足地想要回家时，遇见一个年轻人，扛着一个大袋子，老爹好奇地问："袋子里是什么呀？"

"一袋烂苹果！"年轻人回答说。

老爹心想：好久没买苹果了。于是又把鸡换成了一袋烂苹果。

这就是典型的不等价交换，从一匹马到一袋烂苹果，是很大的差距。

第四，从等价形式看，每个特殊的商品等价物中都包含着一定的、具体的、有用的劳动，都是人类劳动的特殊表现形式。由于每种商品的自然形式都是一个特殊的等价形式，因此，它们互相排斥对方。

一般的价值形式

扩大的价值形式的许多弊端我们都已经知道了，古人也不是傻子，有这么多缺点自然要改的。每种商品都有许多的价值形式，且价值形式也各不相同。商品就没有一个统一的价值表现形式吗？

现实需要，注定了扩大的价值形式必然要过渡到一般的价值形式。一般的价值形式可以用下面的等式来表示：

2 个馒头 =1 把木梳

图解资本论

1 个练习本 =1 把木梳

2 块糖 =1 把木梳

1 双袜子 =1 把木梳

1 个衣服架 =1 把木梳

1 只灯泡 =1 把木梳

x 量 A 商品 =1 把木梳

在这种价值形式中，各种商品的价值都通过一种商品（木梳）来表现。这时，商品的价值表现既是简单的，又是统一的，因而是一般的。既然各种商品的价值都表现为一种商品，那么各种商品的价值也就可以通过这种商品来相互比较了。这种用来表现其他各种商品价值的商品就成了一般等价物。人们用一般等价物就可以换到他所需要的任何商品。

与前两种价值形式相比，一般的价值形式有以下变化：

从相对价值形式的性质方面看，一般的价值形式将商品的价值表现从商品世界中分离出来，表现在同一种商品上，例如我们都把它表现在木梳上，因而使一切商品的价值都能通过与木梳等同而表现出来。每个商品的价值由于与木梳等同，这不仅与它自身的使用价值相区别，而且能够与一切使用价值相区别，因此，只有这种形式才真正使商品作为价值互相发生关系，或者使它们互相表现为交换价值。

在这种价值形式下，商品不仅在质上具有与木梳等同的形式，而且在量上也可以同木梳相比较。由于所有商品都用同一个一般等价物作为价值尺度，即都通过木梳来反映自己的价值量，所以各种商品的价值量也就可以互相反映。例如，2个馒头=1把木梳，1个练习本=1把木梳，因此，2个馒头的价值等于1个练习本的价值。或者说，1个馒头所包含的价值(实体劳动)等于1个练习本所包含的价值(实体劳动)的1/2。

与相对价值形式相适应，等价形式的性质也发生了变化。由商品世界分离出来，专门充当一切商品等价物的商品(木梳)，获得了一般等价物性质的相对价值形式。木梳用自身的自然形态表现各种商品的价值，因此，木梳能够与其他一切商品直接交换。木梳的物体形式是一切人类劳动可以看得见的化身，是一般社会的蛹化。同时，生产木梳这项私人劳动也就从一般社会形式变成了人类劳动的一般表现形式。这样，物化在商品价值中的劳动，不仅消极地表现为它是被抽去了具体形式的抽象劳动，而且把它本身的积极的性质也清楚地表现出来了，也就是把一切具体劳动都现实地转化为它们共有的人类一般劳动了。

因此，一般价值形式是所有商品交换关系的反映，是社会公认的。它清楚地告诉我们，在这个世界中，生产商品的一切劳动都具有人类一般劳动的性质，这种人类一般劳动的性质形成生产商品劳动的特殊社会性质。

一般价值形式是价值的一种形式。充当一般等价物的商品可以是任何商品，并且这种商品并不是固定的。随着商品交换的发展，当一种商品被其他一切商品当作等价物排挤出来充当一般等价物，而其他商品都由这种商品统一地表现价值时，这种商品就成为货币商品。

货币形式

在一般的价值形式上，一般等价物还没有固定在某一种商品上，这阻碍了商品交换的进一步发展。随着社会生产力的发展，商品生产应运而生。这时，交换的商品增多了，交换的范围也扩大了，迫切要求一般等价物固定在某种商品上。当这种情况出现时，一般的价值形式也就过渡到货币形式了。货币形式可以用下面的等式来表示：

1 把木梳 =1/82 克金（国际现货金价：约合人民币 210 元 / 克。）

1 个练习本 =1/82 克金

1 个棒棒糖 =1/164 克金

⊙随着社会生产力的发展，交换的范围和种类不断增加。这就要求一般等价物能够固定在某种商品上，于是，货币形式出现了。

1 双袜子 =1/41 克金

1 个衣服架 =1/82 克金

1 只灯泡 =1/82 克金

1 件上衣 =1/2 克金

1 斤茶叶 =1 克金

1 斤小麦 =1/200 克金

1/2 吨铁 =3 克金

商品的价值形式从简单的价值形式过渡到扩大的价值形式，再从扩大的价值形式过渡到一般的价值形式，每一次过渡都发生了本质的变化。只有由一般的价值形式过渡到货币形式，没有发生本质的变化，只是金代替木梳取得了一般等价形式。金能够作为固定的一般等价物，是因为它早就作为商品与其他商品相对立。金是商品，也有价值，在以往的商品交换中，金可能在个别的交换行为中起个别等价物的作用，也可能与其他商品等价物并列，起特殊等价物的作用。一旦它在商品世界的价值表现中独占了一般等价物的地位，它就成为货币商品。

货币形式和一般的价值形式并没有本质的区别。所不同的是，在货币形式上，一般等价物已经固定由黄金或白银来充当，这种固定充当一般等价物的商品就是货币。由此可见，货币是在商品交换的发展过程中自发地产生的，是商品内在矛盾发展的结果。

价值发展的过程与人类社会发展的进程是完全相符的。

图解资本论

经过了漫长的进化，猿进化到了人，可以<u>直立行走</u>，可以制作并使用一些简单的工具。后来进入了原始社会，人类以氏族的形式生活，在氏族内部，除个人常用的工具外，所有的财产归集体公有。原始社会初期，人们生产所得的产品仅够维持氏族内部需要，因此不存在交换。随着人类使用生产工具的进步，氏族的生产有所剩余，不同的氏族生产的产品有所不同，根据不同的需要，氏族间就会发生交换，于是产生了简单的、个别的、偶然的价值形式。再经过人类不断进步，人类的生产能够满足家庭的生活的需要，于是氏族逐渐分裂。以家庭为单位的交换就变得复杂多了，不同的家庭有不同的产品，有不同的需要，于是扩大的价值形式就产生了。人们发现交换越来越多，越来越复杂，以物换物就变得非常麻烦，就在一定范围内找到一个合适的产品作为等价物，这样只需通过已有产品到等价物再到目的产品就能完成交换了，也就是一般的价值形式。人类的发展是不停<u>止</u>的，很快交换突破了地区的限制，但地区间的等价物不同，所以就得找个更好的方式。这种方式既要便于运输，还要便于保存，于是货币就产生了。

> **关键词：扩大的价值形式　一般的价值形式　货币形式**

第二节
货币的职能

货币是固定地充当一般等价物的商品。

中国的货币历史相当久远，使用时间最早而且延续时间最长的是贝类货币，直到明末清初，云南少数民族地区还在使用这种货币。中国的文字中，许多与货币意义有关的字，像财、贵、贫、贱等，都是以贝字作为偏旁。

自西周到春秋，货币主要有三大体系：布币、刀币、环钱。

秦始皇统一全国后统一币制，以黄金为上币，单位为镒，以铜钱为下币，称为"半两钱"。

○**五铢钱 隋**
货币出现以后，成为固定地充当一般等价物的商品。

汉王朝建立以后，开始铸五铢钱。

唐朝起，钱币就不再以重量为名称了，而改称"宝"，如通宝、元宝、重宝。通宝、元宝钱体系沿用了近1300年，其生命力之长久，在世界货币史上罕见。

北宋是世界上最早推行纸币流通的政权。

明朝后期，白银成为法定货币，明清时期，纸币仍在发行，但流通不广。到了近代，纸币得到了广泛流通，并逐渐代替了金属币。

价值尺度

不同的年代，不同的国家，有很多种不同形式的货币，为简单起见，我们假定金是货币商品。

金的第一个职能，是担当一切商品表现价值的材料，或者说，是把商品价值规定为等值的量，使商品在质上相同，在量上可以比较。因此，金执行着一般的价值尺度的职能，并且主要执行这一职能，从而使金这个特殊的等价商品成为货币。

我们还是举"2个馒头 =1 把木梳"的例子：

2 个馒头 ＝ 1 把木梳

⬇ 都是由人类劳动产生的

做 2 个馒头的劳动 ＝ 做 1 把木梳的劳动

⬇ 劳动无法衡量，但时间可以衡量

做 2 个馒头的劳动时间 ＝ 做 1 把木梳的劳动时间

⬇ 做 1 把木梳用的劳动 ＝ 1/82 克金

1 个馒头 ＝ 1/164 克金

由上图我们能够了解：商品并不是因为有了货币才可以互相比较。恰恰相反，因为一切商品作为价值都是物化的人类劳动，它们本身就可以互相比较，所以它们能共同用一个特殊的商品来计量自己的价值，这样，这个特殊的商品就成为它们共同的价值尺度（或货币）。货币作为价值尺度，是商品内在的价值尺度即劳动时间的必然表现形式。

货币在执行价值尺度的职能时，只是表现价值，而不是实现价值，所以，并不需要现实的货币，只要有想象的或观念上的货币即可。比如，当商品所有者在表现他的商品价值时，并不需要把他的商品转化为金。哪怕他的商品价值数百万，也用不着丝毫的金，只用想象的或观念上的金就可以了。虽然只是想象的或观念上的货币执行价值尺度的职能，但商品的价格却完全取决于实实在在的货币材料。例如，一吨铁的人类劳动量，是通过想象，把与生产一吨铁的等量劳动用货币形式表现出来，而一吨铁的价值，则根据充当价值尺度的材料是金还是银，有不同的价格表现。如果金和银同时充当价值尺度，那么，所有商品就会有两种不同的价格表现，即金价格和银价格。

尽管商品体五花八门，但它内在的价值都要表现为大小不等的想象的金量。为了使各种商品的价值作为不同的金量可以互相比较、互相计量，在技术上就有必要把某一固定的金量作为商品价值的计量单位。这个计量单位本身通过进一步分成等份而发展成为标准。由于金、银、铜等在变成货币以前就已经有了重量标准，如：磅、盎司、斤、两、钱等，所以，在一切金属的流通中，原有的重量标准的名称也就成了最初的货币标准或价格标准的名称。"磅""盎司"在英国既是重量单位也是货币名称。我国

图解资本论

古代也常出现"两""钱"的用钱方式。

货币具有价值尺度和价格标准的职能。作为价值尺度，货币是人类劳动的社会化身，被用来使各种商品的价值转变为价格。作为价格标准，货币是规定的贵金属重量，它是计量作为货币的贵金属自身的重量。价值尺度用来计算商品的价值，而价格标准则是用一个固定的金量来计量各种不同的金量。

现在，我们的货币是纸币，同样原理，当我们把一份行情表上的价目倒过来读，就可以看出货币的价值量表现在各式各样的商品上。然而货币并没有价格，货币要参与其他商品的交换时，必定是作为等价物的，它已经纯粹是一种计量单位了。下面是几种商品的价格：

商 品	市场价格
海尔空调	1699 元 / 台
宝马 X5 3.0d	114 万元 / 辆
50cm 直尺	3.80 元 / 个
香 菇	4.00 元 / 斤
（肯德基）劲脆鸡腿堡	10.5 元 / 个
剔骨猪肉	25 元 / 公斤
（佳能 IXUS 70）数码相机	2250 元 / 台
欧莱雅美白防晒霜	90 元 / 瓶

有了这些数字的出现，人们就很容易对众多的商品进行衡量，它显示了货币的价值尺度。每一个商品都有一个固定数值价格表示它的价值，也就是它的价格标准。

流通手段

货币的流通手段职能是由商品的形态变化而产生的，货币流通是商品流通的反映。

商品的形态变化是 W—G—W（W代表商品，G代表货币，即商品—货币—商品）的交换过程。

商品交换过程包含着矛盾的对立统一关系。商品的发展并没有消除这些矛盾，而是为这些矛盾的运动提供了解决的方法。商品交换过程是在两个互相对立、互为补充的形态变化中实现的，即从商品转化为货币，又从货币转化为商品。商品的这两个形态变化就是商品所有者的两种行为，前者是卖，后者是买。两种行为的统一就是：为买而卖。因此，商品的交换过程是在商品—货币—商品，也就是 W—G—W 的形式变换中完成的。从这种运动形式的物质内容来说，就是商品换商品：W—W，是社会劳动的物质变换。这种物质变换的结果一旦达到，商品交换也就结束了。

图解资本论

卖是从商品到货币 (W—G)。这是商品的第一形态变化。这一形态变化是商品的一个惊险性跳跃，如果跳跃不能成功，商品生产者会遭受沉重的打击。有了货币，张三的木梳不用去换实物了。假设在木梳的市场上，张三在卖出木梳的过程中可能会产生了 3 种情况：

木梳（平均价格是 4 元）$\begin{cases} 5 元卖出 \text{ 大于平均价格} \\ 4 元卖出 \text{ 等于平均价格} \\ 3 元卖出 \text{ 小于平均价格} \end{cases}$

对商品生产者来说，他的商品仅仅是交换价值，只有把商品卖出后变成货币，才能取得一般的社会公认的等价形式。而货币是在别人的口袋里，为了让别人把货币从口袋里掏出来，商品就应当对货币所有者具有使用价值，就是说，用在商品上的劳动应是社会有用劳动的耗费，是社会分工的一部分。但在资本主义生产方式下，社会分工是生产者自发形成的，每一个商品生产者都无法决定商品的生产和交换，也就是不能保证商品都能变成货币。

买是从货币到商品（G—W）。这是商品的第二形态变化，也可以说是最终的形态变化。这个形态变化是比较容易实现的，因为，货币是社会公认的一般等价物，是绝对可以出让的商品。

如果考察商品的总形态变化，我们就会发现，这个总形态变化是两个相互对立、相互补充的运动。从商品所有者这一极看，是卖；而从货币所有者这一极看，是买。买卖不分家，W—G同时就是G—W。与第一形态变化卖就是买一样，第二形态变化买就是卖。因此，一个商品的最终形态变化，同时就是另一商品的开始形态变化。

商品的这两个对立的转化，是通过商品所有者的卖和买这两个相反的行为阶段来完成的。商品形态变化的两个相反的行为阶段，形成一个循环过程：首先是商品形式，然后是商品形式的抛弃即商品转化为货币，最后是商品形式的复归，即货币转化为商品。每个商品的形态变化系列所形成的循环，同其他商品的循环不可分割地交错在一起，这全部过程就是商品流通。

商品流通不仅在形式上，而且在实质上也不同于直接的产品交换。商品之间直接交换，卖和买处在同一过程。而在商品流通中，商品所有者之间并不是以物易物，他们必须首先将自己的商品卖出，获得货币，然后再用货币购买自己所需要的商品。在这里，流通过程是持续的，它不会在使用价值换位和转手后就结束，货币也不会在一种商品的形态变化系列中退出后就消失，它将不断地停留在商品空出来的流通位置上。例如，在木梳—货币—馒头中，先是木梳退出流通，货币补上它的位置，然后是馒头退出流通，货币又补上馒头的位置。一个商品由另一个商品代替，而货币商品则留在第三人手中，流通不断地把货币渗出来。在这里，货币作为商品流通的中介，发挥了流通手段的职能。

各种商品不断地买卖、流通直接赋予了货币运动的形式，使得货币不断地从一个商品所有者手里转到另一个商品所有者手里，这就是货币流通。

每一个商品在流通中走第一步，即进行第一次形式变换，就退出流通，而总有新的商品进入流通。相反，货币作为流通手段却不断地留在流通领域，不断地流动。

货币好比是水，商品好比是船，有了水，船才能顺利运行；没有水，那就只能走旱船了；货币好比是润滑油，商品好比是机器，有了润滑油，机器才能正常运转，没有润滑油，那机器就工作不了；货币好比是电梯，商品好比是上下楼的人，有了电梯，人们上下楼既快又省力，没有电梯，那么就只能爬楼梯……

水的流动使船顺利航行，润滑油的润滑使机器正常工作，电梯上去下来，快捷地把人送到想去的楼层，货币的流通，使商品交换变得顺畅自然。

关键词：货币流通　买卖

贮藏手段

货币的贮藏是因商品流通的中断而产生的。随着卖和买这两种对立的商品形态变化的不息转换，货币不断流通。但只要商品的形态变化系列中断，就是说，商品卖出之后，没有接着买，那

◎贮藏金、银、钻石等饰品及物件，是货币贮藏的另一种形式。

么，货币就会停止流动。就像张三卖了木梳，却不买馒头或是其他任何商品，而是把卖木梳得来的货币保留起来。于是，货币就会变为贮藏货币，商品出售者也就成为货币贮藏者，而张三也就有了存款。

　　商品的形态变化系列为什么会中断呢？张三为什么不拿卖木梳的钱再去买别的商品？

　　这是因为，随着商品流通的最初发展，人们保留商品第一形态变化的产物，也就是保留货币的必要性和欲望也发展起来。人们意识到货币的神奇，知道有了货币，可以买到很多东西（商品），能满足人们很多需求。这时候，有人出售商品不是为了购买商品，而是为了取得货币。这样一来，商品的转换形态受到阻

图解资本论

碍，货币不再发挥一般等价物或流通手段的职能。

随着商品流通的不断发展，人们对商品第一形态变化的产物即货币的占有欲望也不断发展。因为，用货币可以购买任何商品。货币已成为财富的社会表现。

商品作为使用价值能满足人们的某种需要，是构成物质财富的特殊要素，而商品的价值则衡量着商品占有者的社会财富。对商品占有者而言，价值同价值形式是分不开的，货币的增多就是价值的增多，从商品占有者的本性看，贮藏货币的欲望是没有止境的。在质的方面，作为物质财富的一般代表，货币能直接转化成任何商品，是无限的。在量的方面，每一个现实的货币额又是有限的，只是一种作用有限的购买手段。货币这种内在的量的有限性和质的无限性之间的矛盾，促使货币贮藏者不断地去积累货币，贮藏货币。

除直接贮藏多余货币这种形式外，货币的贮藏还有另外一种形式：即收藏白银、黄金、白金、钻石，将它们做成饰品既是一种美的需求，又是一种价值保值的方式。随着资产阶级社会财富的增长，富人为了显露财富，收藏金银饰品这种美的贮藏形式还会不断出现。

在金属流通的经济中，货币贮藏执行着种种不同的职能，其中最重要的是调节货币流通量。这一职能是在金银铸币的流通条件中产生的。由于商品流通在范围、价格和速度方面经常变动，流通中的货币量也不断增加或减少，因此，实际流通的货币量必须要有伸缩性。为实现这个目的，一个国家现有的金银量必须大于执行铸币职能的金银量，这个条件只有通过货币的贮藏形式才能实现。货币贮藏犹如蓄水池，少则蓄，满则溢，流通中的货币永远不会溢出它流通的渠道。

　　货币贮藏早已经是众多人不断追求的目标了。从货币的贮藏，我们可以看到人性的贪婪。法国古典主义戏剧家莫里哀的名作《悭吝人》中的阿巴贡，中国古典小说《儒林外史》中的严监生，都同样爱钱如命，悭吝而无情。阿巴贡要掐掉两支蜡烛中的一支，才称心如意，而严监生要灭掉油灯芯中的一根，才咽气罢休。还有巴尔扎克小说《欧也妮·葛朗台》中的葛朗台，当神甫把镀金的十字架送到他唇边，给他亲吻基督的圣像，为他做临终法事时，他竟做了一个骇人的姿势，想把金十字架抓到手里……虽然三个人都是经艺术加工的产物，但仍从一个侧面指出了人对占有金钱的渴望。

关键词：货币的贮藏

支付手段

　　货币的支付手段职能是随着商品流通发展的需要而产生的。随着商品流通的发展，商品的出售同商品价格的实现不能在同一时间完成的矛盾关系也发展起来。这里我们只举出一些最简单的关系来分析。不同的商品各有不同的生产时间，一架飞机需要的生产时间自然比一把木梳的生产时间长，粮食、蔬菜等商品的生产与季节有关。另外，不同的商品，生产和销售的环境也可能不同，一些商品既在市场所在地生产，又在市场所在地销售，而另一些商品则需要运送到远方市场去销售，如海外贸易。因此，那些商品生产时间短、生产季节早、就近销售的商品所有者，总会比那些商品生产时间长、生产季节晚、远地销售的商品所有者先进入市场。这样，前者在后者成为买者之前，已经作为卖者出现了。

当同样一些交易总是在同一些人中间反复进行时，商品的销售条件就会按照商品的生产条件进行调节。于是，就会出现某些商品卖出时不能要求买者立即支付货币，而是要经过一段时间后，卖者才能收取货币。另一方面，有一些商品（房屋）的销售，卖者卖出的是一定期限的使用权，买者只有在期满时才能真正取得商品的所有使用价值，因而他是先购买商品，后支付货币。一个商品所有者出售他现有的商品，而另一个商品所有者却只是作为货币的代表或作为未来货币的代表来购买这种商品，在这种交换关系中，卖者成为债权人，买者成为债务人。由于商品的形态或商品的价值形式在这里发生了变化，从而货币取得了另外一种职能——支付手段。

债权人或债务人的身份是在简单商品流通中产生的。简单商品流通形式的改变，在卖者和买者身上打上了债权人和债务人的新烙印。债权人或债务人这两种角色还可以不依赖商品流通而出现。例如，古代社会债权人和债务人之间的对立是以阶级斗争的形式进行的，在罗马，这种斗争以负债平民的破产，沦为奴隶而告终；在中世纪，这种斗争则以封建主的破产以及他们的政治权力随其经济基础一起丧失而告终。

但是，在商品流通领域中，债权人与债务人的关系则表现为具有货币关系的形式，这是更深刻的经济生活条件对抗的一种表现形式，表现在卖的过程的两极上：

第一，货币对所卖商品的价格执行价值尺度的职能。即用契约规定的所卖商品的价格来计量买者的债务，买者到期必须支付货币额。

第二，货币执行着观念上的购买手段职能。虽然货币还只是存在于买者支付货币的承诺中，但它实现了商品的交换。只有当支付日期到来时，支付手段才真正进入流通，也就是说，从买者手里转到卖者手里。流通手段转化为贮藏货币，在此流通过程可能会出现中断，但是卖者也是需要其他商品的，这时卖者转化为买者，或是购买商品后退出流通，或是把货币作为支付手段再次进入流通……

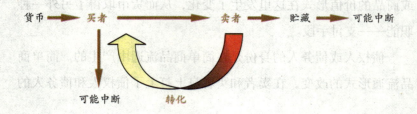

在这里，货币不再是流通过程的媒介，它作为交换价值而绝对存在。卖者把商品变为货币，是为了通过贮藏货币来满足人们的某种需要，货币贮藏者把商品变为货币，是为了以货币形式保存商品，欠债的买者把商品变为货币，则是为了能够支付债务，否则他的财产就会被强制拍卖。现在由于流通过程本身的关系，商品的价值形态即货币就成了卖的目的本身。买者在把商品变为货币之前，就已经把货币转化为商品了，就是说，他是先完成商品的第二形态变化——买东西，然后才完成商品的第一形态变化——卖东西。而卖者的商品在转化为货币之前，已经转化为使用价值，它的第一形态变化是在后来完成的。

在流通过程的一定时期内，总需要一定量的货币来执行支付手段的职能。那么，这个量是怎样决定的呢？由于到期的债务代表着产生这些债务的已售商品的价格总额，所以，实现这一价格总额所必需的货币量，就首先取决于支付手段的流通速度。而支付手段的流通速度，又决定于两种情况：一是决定于债权人和债务人的关系的锁链，这个锁链越长，支付手段的流通速度就越快，否则就越慢；二是决定于各种不同的支付期限的间隔，间隔越短速度越快，反之则慢。

货币作为支付手段的职能包含着一个直接的矛盾：一方面，在各种支付互相抵消时不需要实在的货币，它只是在观念上执行计算货币或价值尺度的职能；另一方面，在必须进行实际支付时，又需要实在的货币，如果在支付锁链的某些环节上发生故障，就可能引发货币危机，不过，这种货币危机只有在那些一个接一个的支付的锁链和抵销支付人为制度获得充分发展的地方才会发生。

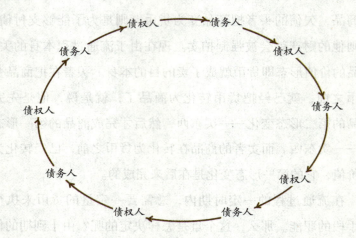

在支付锁链和抵销支付的人为制度获得充分发展的地方（如上页图），债权人与债务人之间没有实质的货币往来，只是通过转账手段完成支付，这样避免了支付大额现金造成的麻烦，流通速度较快。但是，一旦它们其中某一个环节出错，那么整个锁链就垮了。

货币充当支付手段的职能会引发一系列的后果：

1. 产生信用货币。在商品流通中，当商品所有者作为卖者赊卖商品时所取得的债权，会因为他成为买者时把债券转让给他人而使这种债券发生流通，于是，这种债券就成为信用货币。因此，信用货币是直接从货币作为支付手段的职能中产生的，同时，随着信用事业的扩大，货币作为支付手段的职能也在扩大。作为支付手段的货币取得了它特有的各种存在形式，并以这些形式占据了大规模交易的领域，以致在大宗买卖领域，完全由信用货币如期票、汇票、支票来执行支付手段的职能，而金银铸币反而被挤到小额贸易的领域。

2. 在商品生产达到一定水平和规模时，货币作为支付手段的职能就会越出商品流通领域。原来以实物交纳的地租、赋税等，会因商品货币关系的发展而采用货币来交纳，在这里，货币充当着支付手段的职能。

3. 提前消费。我们可以先一步得到商品的使用价值，但我们也必须付出代价，那就是积累货币，以便到期偿还债务。随着资产阶级社会的发展，那种把货币贮藏作为个人致富形式的现象消失了，而作为支付手段准备金形式的货币贮藏却增长了。

社会发展了，一切也从单一向多元化发展，现在，提前消费式的购买方式已经很普遍。买车、买房等大额交易，有贷款；数额稍小，可以用信用卡；美容健身、超市购物、汽车维修等等有"消费卡""会员卡"……

这些消费政策给人们带来了不少的方便。但是，只要消费了，你就成了债务人，借了钱终究还是要还的。

关键词：支付手段　债权人　债务人　提前消费

第三节
货币的资本化

资本是什么？货币怎么才能转化成资本呢？

商品贸易是资本产生的前提和起点。世界贸易在 16 世纪揭开了资本的近代生活史。

商品流通从物质内容来看，是各种使用价值的交换。如果撇开商品流通的物质内容，只考察这一过程所造成的经济形式，我们就会发现，货币是这一过程的最后产物。商品流通的这个最后产物就是资本的最初表现形式。不必回顾资本产生的历史，因为它每天都在我们眼前重演。

货币是资本的最初表现形式，但货币本身并不是资本。它只有出现在市场上（商品市场、劳动市场或货币市场），经过一定的过程，才能转化为资本。作为商品流通的货币和作为资本的货币，其区别就在于它们具有不同的流通形式。

作为商品流通的货币，其流通形式是 W—G—W，即商品转化为货币，货币再转化为商品，为买而卖。作为资本流通的货币，流通形式则是 G—W—G，货币转化为商品，商品再转化为货币，是为卖而买。这两种流通形式，尽管都有买和卖两个流通阶段，但两个对立的流通阶段却具有相反的次序。

W—G—W 的流通以卖开始，以买结束，货币最后转化为充

图解资本论

当使用价值的商品。在这里，货币是作为购买手段，起商品交换媒介的作用，这是简单商品流通。而 G—W—G 的流通以买开始，以卖结束。买者支出货币，却是为了作为卖者收入货币。他购买商品，把货币投入流通，是为了通过出卖同一商品，从流通中再取回货币。但是，货币是同质的，用同量的货币换取同量的货币，是一种既无目的又无意义的活动，没有人会白白辛苦地完成一个无意义的流程。实质上，货币所有者把货币投入流通，是为了获取更多的货币。因此，这种流通形式的完整公式应该是 G—

◎ 简单的商品流通以卖开始，以买结束，货币在其中起商品交换媒介的作用。

W—G′（G′代表增殖后的货币），其中的 G′=G+△G（△G 为货币的增殖部分），即等于原预付货币额加上一个增殖额。这个增殖额或超过原价值的余额叫作剩余价值。这种能够带来剩余价值的货币就转化为资本，货币所有者也就变成了资本家。所以，资本就是能够带来剩余价值的价值，由于 G—W—G′ 公式反映了各种形态的资本运动的共同目的，因而被称为资本的总公式。

那么，剩余价值是怎样产生的呢？在资本总公式中，剩余价值表现为两个流通行为的结果，看起来好像是在流通中产生的。但是，在流通中，如果交易双方实行等价交换，就绝不会产生剩余价值。因为，任何人从流通中取出的价值，都不会大于他投入流通的价值，在这种情形下，就不会有剩余价值形成。如果交易双方不是等价交换，也不会产生剩余价值。一方的剩余价值，是另一方的不足价值，一方价值的增加是另一方价值的减少，流通中的价值总量并没有增大。所以，剩余价值的形成，即货币转化为资本，既不能用卖者高价出卖商品来说明，也不能用买者低价购买商品来说明。就是说，剩余价值不是从流通中产生的。

但是，剩余价值的产生又离不开流通。因为商品生产者只是在流通领域才相互发生关系。也就是说，流通是商品生产者全部商品关系的总和。那么，剩余价值能不能从流通以外的什么地方产生呢？也不能。因为在流通以外，商品生产者只同他自己的商品发生关系。就商品的价值来说，他的商品包含着自己的劳动量，这个劳动量是按一定社会规律来计量的，是商品的价值量，而价值量是以货币来计算的，因此劳动量就表现为一个价格。就是说，商品生产者的劳动可以创造商品的价值，但不能创造超过这个商品本身价值而形成的余额，不能表现为一个大于自身价值的价值。商品生产者能够用自己的劳动创造价值，但是不能创造进行增殖的价值。

所以，在流通过程之外，不同其他商品所有者发生联系，价值是不可能进行增殖的，货币也不可能转化为资本。因此，剩余价值不能从流通中产生，又不能不从流通中产生。货币所有者要使货币转化为资本，取得剩余价值，必须在流通中（市场上）找到一种特殊商品，这种商品的使用价值本身就是价值的源泉，它的实际使用不仅能够创造价值，并且能够创造出比它自身价值更大的价值。这种特殊商品就是劳动力，因此，货币转化为资本，是以劳动力变成商品为基础的。

劳动力也就是人的劳动能力，它存在于人的身体中，是人生产某种使用价值时所运用的体力和智力的总和。劳动力要成为商品，必须具备两个条件：

第一，劳动者是自由人。作为买者和卖者，劳动者与货币所有者在法律上地位平等，劳动者有权支配自己的劳动力，能够把自己的劳动力当作自己的商品来出卖。

第二，劳动者除了自己的劳动力外一无所有，不得不把只存在

◎劳动是一种商品，同时具有价值和使用价值。

图解资本论

于身体中的劳动力本身当作商品出卖。

劳动力作为商品，同其他一切商品一样，也具有价值和使用价值。

劳动力的价值，是由生产和再生产劳动力的社会必要劳动时间决定的。劳动者要生存，就必须消费一定数量的生活资料，因此，劳动力的价值可以归结为一定量生活资料的价值，并且，它也随着这些生活资料的价值，即生产这些生活资料所需要的劳动时间量的变化而变化。人的生命有限，没有人生来就什么都会，所以，人在作为劳动者出卖劳动力之前还需要一定数量的生活资料。

我们总结得到，劳动力的价值包括：劳动者本人生产和再生产劳动力所必需的生活资料的价值；为使劳动力得以延续，劳动力的价值还包括劳动者养育后代所必需的生活资料的价值；为适应生产的需要，劳动者必须掌握一定的劳动技能而产生的训练和教育费用。简单地讲，劳动力价值是由生产和延续劳动力所必需的生活资料的价值来决定的。

作为商品，劳动力是一种特殊的使用价值。这种使用价值的特殊性表现在，劳动力在使用过程中，不仅能创造价值，并且能创造出比它自身价值更大的价值。资本家购买劳动力，正是看中了它的这种特殊使用价值，并通过对它的支配来生产剩余价值。

劳动力的买和卖是在流通领域或商品交换领域内进行的。在流通中，劳动者是卖者，资本家是买者。从表面上看，这种关系好像是自由、平等的，但当买卖双方一离开流通领域或商品交换领域，这种自由、平等的虚伪性就暴露无遗。劳动力的买者摇身一变，成了资本家，劳动力的卖者则成了他的工人。

我们生活中的买和卖也都有一定目的，甚至笼统地说，卖就是为了买。董大卖了木梳就是为了要买灯泡；赵二卖了灯泡就是为了要买棒棒糖；张三卖了棒棒糖就是为了要买馒头……父母出卖劳动是为了购买孩子成长的物质基础，孩子长大再出卖劳动养育子女、赡养父母。不管卖了什么东西得到了多少钱，中间隔了多长的时间，终究还是会买东西的。

关键词：商品贸易　剩余价值　资本

图解资本论

第二章

剩余价值的产生

第一节

价值增殖过程

劳动过程的结果是产品，是使用价值，例如木梳、衣服等。虽然木梳、衣服能满足人们的某种生活需要，在一定意义上还构成社会进步的基础。但是，资本家并不是为了木梳、衣服而生产木梳、衣服，他们要的是无穷无尽的货币。

在商品生产中，资本家并不是喜爱使用价值本身，资本家之所以要生产使用价值，只因为使用价值是交换价值的物质承担者，能够换到货币。他们所关心的只有两点：第一，生产具有交换价值的使用价值，既用来出售的商品。第二，使生产出来的商品具有价值，并大于其预付的价值，从中获利。资本家不仅要生产使用价值，还要生产价值，更重要的是生产剩余价值。因此，资本主义商品生产过程必定是劳动过程和价值形成过程的统一。

我们假定某个做木梳的工人每天工作 6 小时，劳动力日价值为 60 元，可以做 300 把梳子，假设所需原料的木材价值 220 元，在生产过程中用的机器的磨损及其他的一些消耗共 20 元，这样资本家总共投入：60+220+20=300（元）。

而每把木梳的价值是 1 元，资本家把手中的商品卖出后，就会得到：300×1=300（元）

资本家没赚到钱。可见，资本家预付资本的价值没有增殖，

图解资本论

单纯的价值形成过程不能产生剩余价值。事实并不是我们想得那么简单。

做木梳工人每天工作 8 小时，劳动力日价值仍为 60 元，可以做 400 把梳子，假设所需的木材价值 300 元，在生产过程中用的机器的磨损及其他的一些消耗共 20 元，这样资本家总共投入为：60+300+20=380 元。

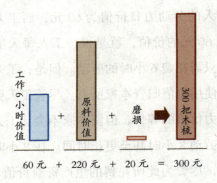

工作 6 小时价值

原料价值 + 磨损 + 300 把木梳

60 元 + 220 元 + 20 元 = 300 元

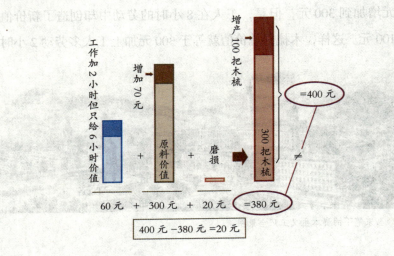

工作加 2 小时但只给 6 小时价值

增加 70 元

原料价值 + 磨损 + 增产 100 把木梳 300 把木梳

=400 元

≠

60 元 + 300 元 + 20 元 =380 元

400 元 −380 元 =20 元

这样资本家就得到了 20 元。同时也把价值增殖隐秘藏到了价值形成的过程中了，这 20 元的增殖额就是剩余价值。那么，价值是怎样增殖的呢？价值形成过程是怎样变成价值增殖过程的呢？关键在于资本家购买的劳动力商品具有独特的使用价值。

劳动力的价值和劳动力在劳动过程中创造的价值，是两个完全不同的量，资本家之所以购买劳动力，正是看中了这个价值差额。上例中，工人的劳动力日价值为 60 元，而工人劳动 6 小时就可以创造出这 60 元的价值，就是说，工人每天生产劳动力所必要的生活资料只需花费 6 小时的劳动。但是，工人在出卖劳动力后，劳动力的使用价值归资本家所有。尽管工人劳动 6 小时就可以生产出劳动力价值的等价，但资本家不会让工人只劳动 6 小时，而是要工人劳动 8 小时甚至更长时间。在 8 小时里，工人可生产 400 个木梳，尽管为此所耗费的生产资料价值相应的由 220 元增加到 300 元，但是，工人在 8 小时的劳动中却创造了新价值 100 元。这样，木梳的总价值就等于 300 元加上工人多劳动 2 小时

◎画家笔下的资本主义工厂全景图。

创造的新价值 100 元，共计 400 元。而资本家在此之前所预付的资本仅 380 元，如按 400 个木梳的价值卖出，资本家就能赚 20 元。

我们把一个普通的生产过程拿出来细细品味，就会发现，价值增殖过程不过是超过了某一定点而延长了的价值形成过程，如果价值形成过程只持续到这一定点，资本所预付劳动力价值与新创造的价值等同，那就是一般的价值形成过程。如果价值形成过程超过这一定点而延长下去，那就变成了价值增殖过程。

资本家开工厂，就是要获得那部分增殖的价值，工人的劳动过程，就是价值增殖过程。这包括任何一种生产，不管它的生产工艺有多烦琐、需要经过多少工人的加工。

以生产镍氢电池为例，镍氢电池是早期镍镉电池的替代产品，它是目前最环保的电池，不再使用有毒的镉，可以消除重金属元素对环境带来的污染问题。首先，各种原材料如氢氧化钠、镍粉、钴粉、带状发泡镍、铜网等进入第一车间，生产电池最基本的要素正极片和负极片。其次，电池生产进入第二车间进行装配，对正负极片进行卷绕、点焊，利用壳、盖、帽等辅料，将电池做成圆柱形或方型。电池成型后，进入第三车间进行检测，然后到第四车间包装。最后，一个质量合格的电池就生产出来了，该产品的价值增殖过程也随之完成了。

关键词：价值增殖　剩余价值

第二节

不变资本和可变资本

在生产劳动中，有各种各样的劳动方式。盖房子的建筑工人、纺织厂的纺织工人、做鞋子的鞋工、刷墙的油漆工、造纸工人、汽车厂的工人，我们生活中生产各种东西的工人。我们根据工人们劳动的各种形式，把工人的劳动过程分为两种不同的因素：人的因素（劳动力）和物的因素（生产资料）。这两种因素在产品价值的形成上起着不同的作用，区分开这两种因素，也就揭开了资本家赚钱的唯一途径，也就知道了资本家从工人那里剥削了什么……

在劳动过程中，工人把自己一定量的劳动施加到劳动对象上，也就是把劳动的价值转加到了劳动对象上。与此同时，也把消耗了的生产资料转移到新产品的价值之中。例如，木材的价值通过劳动转移到木梳的价值中。可见，生产资料（木材）的价值因其转移到产品上而得以保存。这种转移是在生产资料转化为产品的劳动过程中发生的，是以劳动为媒介的。但是，工人并不是在同一时间内劳动了两次：一次通过自己的劳动把价值转移到木梳上；另一次保存木材的旧价值。在把木材生产成木梳的过程中，工人是因为创造新价值而保存了旧价值，这种旧价值的保存和新价值的创造，是工人在同一时间内的同一次劳动中达到的两种完全不同的结果。这种结果是通过工人劳动的二重性来实现的。在同一时间内，就劳动的二重性属性来说，必然一方面创造价值，另一方面保存或转移价值。

工人只有通过将特有的生产劳动方式作用到特定的生产资料上，才能把生产资料价值转移到产品中去。如伐木工人通过伐木把树变成木材；做木梳的工人通过木工活把木材变成木梳；铁匠通过锻造把铁变成农具。就是说，工人只有通过具体劳动才能把劳动对象变为产品，变为新的使用价值，从而使这种新产品所消耗的各种生产资料的价值得以保存或转移。

工人保存被用掉的生产资料的价值，或把它们作为价值组成部分转移到新产品中去，并不是他消耗了一般劳动，而是由于这种劳动的消耗具有特殊的有用性质。

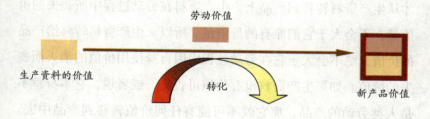

工人的劳动创造价值，并不在于他的劳动是木匠劳动还是打铁劳动，而是在于他的劳动是一般的、抽象的社会劳动。实际上，工人能够在产品中加进一定的价值量，并不是因为他的劳动具有某种特殊的有用性，而是因为他的劳动持续了一定的时间，消耗了一定量的人类一般劳动。因此，木梳工人的劳动，就其抽象的一般属性来说，作为耗费的人类劳动力，是把新价值加到新产品之中；而就它具体的特殊有用属性来说，是把生产资料的价值转移到新产品之中，从而把这些价值保存下来。由此，劳动在同一时间得到了商品的二重性。

我们已经知道，价值只存在于某种使用价值中，如果使用价值丧失，价值也就没了。但是，在劳动过程中发挥作用的生产资料则不一样，生产资料在丧失使用价值的同时并不丧失自己的价值，因为，在劳动过程中，生产资料丧失的只是原来的使用价值形态，新的使用价值已转移到产品中。尽管价值存在于何种使用价值中是非常重要的，然而，商品的形态变化表明，价值存在于哪一种使用价值中是没有关系的。所以，在劳动过程中，只有生产资料失掉它的独立的使用价值，同时也失掉它交换价值，价值才从生产资料转移到产品上。生产资料在劳动过程中所丧失的价值量，不会大于它们原有的价值量。所以，生产资料转移给产品的价值，绝不会大于它在劳动过程中因自身使用价值的消灭而丧失的价值。如果生产资料没有价值可丧失，或者说，它本身就不是人类劳动的产品，那它就不可能有任何价值转移到产品中去。也就是说，它只能充当使用价值，而不能充当交换价值。自然界中，一切未经人类劳动加工就天然存在的生产资料，比如土地、风、水、地下的矿藏、原始森林中的树木等，都是这样。

实质上，在劳动过程中，对生产资料而言，被消耗的只是使用价值，正是消费了这种使用价值，劳动创造了产品，生产资料的价值才得以保存。生产资料价值之所以被保存下来，是因为它原先借以存在的那种使用价值被改造成另外一种使用价值。因此，生产资料的价值能够再现在产品的价值中。

但是，劳动过程的主观因素，即发挥作用的劳动力却与此不同。当工人通过他的有目的的具体劳动形式把生产资料的价值转移到产品上并保存下来的时候，工人劳动价值也被加入到了新产品中，即新价值。假设工人在生产出相当于他的劳动力价值的产品后就停止劳动，像我们前面说的，做木梳的工人只工作6小时，工人新创造的价值就恰好等于劳动力的价值。也就是说，工人创造的价值只能补偿资本家购买劳动力所支付的价值，这时候资本家付出的货币等于生产资料的价值与工人劳动力的价值之和，也就是新产品的价值。

因此，一个价值对另一个价值的补偿，是通过创造出新价值来实现的。如果单纯这样的话，资本家岂不是白忙活？当然不会，他们会在工人劳动价值和工人付出的劳动力之间添加"水分"，从中获利。

劳动过程的不同因素在产品价值的形成中所起的不同作用，实质上说明了资本的不同组成部分在价值增殖过程中执行着不同的职能。产品的总价值超过产品的形成要素的价值总额而形成的余额，就是价值已经增殖的资本超过原预付资本价值而形成的余额。生产资料和劳动力不过是原有资本价值从货币形式转化为劳动过程的因素时所采取的不同的存在形式。转变为生产资料的资

◎ 无产阶级在极其恶劣的条件下从事着繁重的工作，为资本家创造剩余价值。

本，即购买原料、辅助材料、劳动资料的那部分资本，在生产过程中没有改变自己的价值量，被称为不变资本部分，简称不变资本。反之，变为劳动力的那部分资本，由于在生产过程中改变了自己的价值，生产出自身的等价物和一个超过这个等价物而形成的余额，即剩余价值。剩余价值本身是可以变化的，因此被称为可变资本部分，简称可变资本。

资本这两个组成部分，从劳动过程的角度看，一个是客观因素，一个是主观因素。从价值增殖过程的角度看，一个是不变资本，一个是可变资本。它揭开了资本家赚钱的唯一途径——剥削工人。

我们仍用前一节木梳的数字：做木梳工人每天工作 8 小时，

图解资本论

劳动力日价值仍为 60 元，可以做 400 把梳子，假设所需的木材价值 300 元，在生产过程中用的机器的磨损及其他的一些消耗，共 20 元，这样资本家一共投入为：60+300+20=380（元），获利 20（元）。

我们把它再重新整理一下——

木梳工人的日价值就是可变资本：60 元；

木梳工人产生的剩余价值：20 元；

木材价值和机器磨损等为不变资本：300+20=320（元）。

关键词：不变资本　可变资本　剩余价值

剩余价值

剩余价值的生产及本质

剩余价值是可变资本的增殖额，也就是资本家在买工人劳动力时的"水分"，剩余价值率就是剩余价值同可变资本的比率。剩余价值率是工人受剥削程度的准确表现。在资本主义商品生产中，剩余价值首先表现为产品价值超过它的各种生产要素价值总额而形成的余额（资本家挣的全部货币）。这给人造成一种假象，好像剩余价值是由资本家的预付资本 C 在生产过程中生产出来的。这种假象，掩盖了资本对工人的剥削，使工人被剥削得理所当然，资本家剥削得心安理得。

实际上，资本家的预付资本 C 分为两部分：一部分是用来购买生产资料而支出的货币额 c，即不变资本价值；另一部分是用来购买劳动力而支出的货币额 v，即可变资本价值。预付资本 = 不变资本 + 可变资本，即：$C=c+v$。例如，做木梳，预付资本 500 元，410 元买木材、工具等，90 元给工人发工资。在生产过程结束时的商品价值则是不变资本价值、可变资本价值和剩余价值之和。生产后资本家的资本变成：$C'=c+v+m$（m 是剩余价值）。

由于不变资本的价值只是再现在产品中，因此，在生产过程中实际新生产的价值，同生产过程结束的产品价值是不同的。新生产的价值产品只是商品价值构成的一部分，它是在劳动过程中新创造的价值，这一部分价值，等于可变资本价值加剩余价值。在生产过程中，剩余价值是可变资本的价值增殖，是可变资本变化的结果。

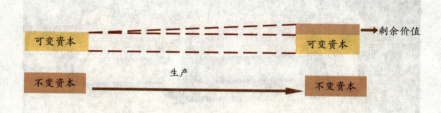

实际上，剩余价值只是可变资本转化为劳动力后资本部分发生价值变化的结果。也就是说，剩余价值只是可变资本增殖的结果。但是，剩余价值生产的实质却被资本主义商品生产的表面现象掩盖了，由于可变资本的增加，全部预付资本也随着增加。全部预付资本以前是 500 元，现在资本到了 590 元。好像剩余价值不是由可变资本生产的，而是由全部预付资本生产的。因此，要对资本主义商品生产过程进行全面分析，必须把产品价值中属于不变资本价值的那一部分完全抽去。

假定不变资本等于零，预付资本就从 $c+v$ 简化为 v，产品价值 $c+v+m$ 就简化为 $v+m$。假定产品价值为 180 元，扣除其中 90 元可变资本的价值，剩余价值就是 90 元。这个数字是剩余价值的绝对量，而其相对量，即可变资本价值增殖的比率，则由剩余

◎资本家追逐的剩余价值是工人剩余劳动时间的凝结。19世纪英国毛纺织业十分发达，这幅插图展示了英国纺织厂中女工的生产情景。

价值与可变资本的比率来决定（用 m/v 来表示）。上例中，剩余价值的相对量是 100%。可变资本的这种相对价值增殖或剩余价值的相对量，叫作剩余价值率，其计算公式是：

剩余价值率＝剩余价值／可变资本。

剩余价值率还可由剩余劳动和必要劳动的比率来表示。

工人的工作日分为两部分。一部分工人只是用来生产自己劳动力的价值，或者说只是用新创造的价值来补偿资本家可变资本的价值。所以，这种价值的生产就表现为再生产，我们把这种进行再生产的工作日部分称为必要劳动时间，在这部分时间内耗费的劳动称为必要劳动。这种劳动对工人来说是必要的，因为不

图解资本论

论什么社会形式，工人都需要再产生自己劳动力所必需的生活资料。这种劳动对资本和资本世界来说也是必要的，因为，工人的正常存在是资本世界存在的基础，没有雇佣劳动就没有资本，资本家还要用这个幌子维持他们剥削的本质。

另一部分是工人超出必要劳动的界限而工作的时间。这段时间虽然耗费工人的劳动力，但只为资本家形成剩余价值。我们将工作日的这部分称为剩余劳动时间，这段时间内耗费的劳动称为剩余劳动。这段时间的劳动，工人是得不到工资的。把剩余价值看作只是剩余劳动时间的凝结，只是对象化的剩余劳动，对于认识价值本身具有决定性的意义。因为，它在揭示剩余价值的性质和来源的同时，还指明了资本主义社会剩余劳动的特点。尽管剥削制度不同，但剥削阶级对直接生产者剥削的内容则完全相同——都是榨取剩余劳动。它们的区别也只是榨取剩余劳动的形式不同而已。奴隶社会是直接在奴隶身上榨取剩余劳动，资本主义社会则是通过剩余价值的形式在工人身上榨取剩余劳动。资本主义社会的剥削更加隐秘，更能使被剥削人（工人）接受，从而为资本家挣更多的货币。

由于可变资本的价值等于它所购买的劳动力的价值，而劳动力的价值决定工作日的必要劳动时间，剩余价值又由工作日剩余劳动时间决定，所以，由此可以得出：

剩余价值率＝剩余价值/可变资本＝剩余劳动力/必要劳动力。

剩余价值率的这两个比率是把同一种关系表现在两个不同的

形式上：一个是物化的劳动的形式，一个是活的劳动的形式。因此，剩余价值率是资本家的剥削率，是工人受资本家剥削程度的准确表现。

工人一旦工作，就会为资本家创造剩余价值。想想那些资本家利用工人得到了多少价值？

关键词：剩余价值　剩余价值率　必要劳动时间　必要劳动　剩余劳动

工作日

为了更清楚地认识资本主义社会的剥削本质，我们假定劳动力是按照它的价值买卖的。劳动力的价值和其他各种商品的价值一样，是由生产它所必需的劳动时间决定的。按照这个假定，如果工人生产一天生活资料的时间为6小时，那么，工人每天就要劳动6小时来生产他的劳动力（或者说生产出他出卖劳动力所得到的价值）。这样，他的必要工作时间就是6小时，因此，在其他条件不变的情况下，必要工作时间是一个定量。但是，由此还不能确定工作日本身的量。

我们用"a—b"表示必要劳动时间（假定是6小时），再假定劳动分别超过ab线1小时、3小时、6小时不等，我们就得到3条不同的线：

图解资本论

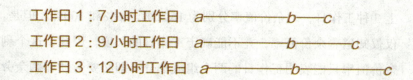

工作日1：7小时工作日　　a————————b—c
工作日2：9小时工作日　　a————————b———c
工作日3：12小时工作日　a————————b————————c

这3条线分别表示3种不同的工作日：7小时工作日、9小时工作日和12小时工作日。延长线bc表示剩余劳动的长度。其中，ab是必要劳动时间，bc是剩余劳动时间，ac为工作日。在这里，工作日随着变量bc的变化而变化。因为必要劳动时间ab是已知的一个定量，所以，bc与ab之比是可以计算出来的：工作日1中bc与ab之比是$1:6$；工作日2中bc与ab之比是$3:6$；工作日3中bc与ab之比是$6:6$。由于这个比率决定剩余价值率，所以，知道这两条线段之比，就可以计算出剩余价值率。以

◎资本主义快速发展，工人们的生活状况却更加恶化。

上 3 种工作日，剩余价值率分别为 16.33%、50% 和 100%。但是，仅仅知道剩余价值率，并不能确定工作日的长度。因此，这个剩余价值率只能表明工作日的两个组成部分（即必要劳动和剩余劳动）的比例关系，但并不表明每一部分各有多大。

工作日是指劳动者在一天内劳动的时间。工作日由必要劳动时间和剩余劳动时间构成。工作日是一个可变量，其中的一部分固然是由不断再生产工人本身所必需的劳动时间决定的，但是它的总长度随着剩余劳动的长度或持续时间而变化。因此，工作日（天数）是可以确定的，但是它本身（工作日的长度）是不定的，资本家可以通过改变工作日的长度来改变对工人的剥削程度。

虽然不是固定的量，但是，工作日却只能在一定的界限内变动。

工作日的最低界限是无法确定的，当然，假定剩余劳动时间等于零，我们也可以得出一个最低界限，也是一个理想界限，即工人为维持生活的需要而在一天中必须从事必要劳动的那部分时间。资本家绝不会同意自己榨取不到剩余价值。因此，资本主义制度下，工作日绝不会缩短到这个最低限度。

工作日还有一个最高界限，它绝不能超出这个最高界限。这个最高界限取决于两个方面。第一是劳动力的身体界限，即生理界限。在一天 24 小时内都占有雇佣工人的劳动，从生理上来说是不可能的。工人每天必须有一部分时间用来休息、睡觉、吃饭、盥洗、穿衣等，以满足身体的其他需要；第二是道德的界限，即社会界限。工人必须有一定的学习文化、照顾家庭以及参加社会活动的时间，以满足精神的和社会的需要，这种需要的范围和数量由社会的文化状况决定。因此，工作日的长度是在身体界限和社会界限之内变动的。但是，这两个界限有极大的弹性和变动余地。例如，我们看到有 8 小时、10 小时、12 小时、14 小时、16 小时、18 小时的工作日，也就是说，工作日的长度是多种多样的，但它始终遵循着这样的规律：

最低界限＜工作日＜最高界限。

资本家按照劳动力的日价值购买了工人的劳动力，在一个工作日内，劳动力的使用价值归资本家所有。因此，资本家有权消费他购买的劳动力，即强迫工人在一日之内为他做工。什么是一个工作日呢？一个工作日肯定比一个自然生活日（24 小时）短。但是，短多少呢？对于自然生活日和工作日的必要界限，资本家有他自己的看法。作为资本家，他已成为人格化的资本。资本家的灵魂只有两个字：剥削。而资本只有一种生活本能，那就是通过剥削实现增殖，获取剩余价值。资本用自己的不变部分即生产资料尽可能多地剥削剩余劳动。资本是死的，它像吸血鬼一样，只有吮吸工人的劳动才有生命。资本吮吸的劳动越多，它的生命力越旺盛。因此，工人劳动的时间就是资本家消费他所购买的劳动力的时间。

工作日长度的界限弹性很大，我们暂且撇开不谈。就商品交换的本质来说，它并没有给工作日规定任何界限，因而也就没有给剩余劳动规定任何界限。作为劳动力的购买者，资本家要坚持使用他已购买的劳动力的权利，他总是最大限度地延长工作日，如有可能，他恨不得把一个工作日变成两个工作日。另一方面，作为劳动力的出卖者，工人也要坚持他的权利，要求把工作日限制在一定的正常量内。于是买者的权利同卖者的权利相对抗，而这两种权利都是被商品交换规律所承认的，即二律背反。所以，在资本主义生产的历史上，工作日的正常化进程，就表现为工人阶级不断为反对延长工作日而进行的斗争，这是整个资产阶级和整个工人阶级之间的斗争。

资本并没有发明剩余劳动。只要是在生产资料被少数人垄断的地方，所有劳动者，无论是自由的劳动者还是不自由的劳动者，都必须在维持自身生活所必需的劳动时间以外，追加超额的劳动时间来为生产资料的所有者生产生活资料。

在商品经济不够发达，自给自足的自然经济在社会经济形态中占优势的时候，生产资料的垄断者是以获取使用价值为目的的，因此，剩余劳动就会受到需求范围的限制。但是，当社会经济发展到资本主义阶段，剩余劳动产品采取交换价值形式的时候，资本主义的生产性质本身就会形成对剩余劳动的无限制的追求。例如，美国南部各州盛产棉花，当生产的目的主要是为满足本地需要时，工人劳动还带有一种温和的家长制的性质。但随着棉花以交换价值的形式出口，直接为这些州带来经济效益时，资本家追加的超额劳动就会使工人喘不过气来，过度的劳动使有的黑人只工作几年就把生命耗尽。这个时候，资本家榨取的已经不是一定量的有用产品，而是要榨取剩余价值本身，因此，他们对剩余劳动的贪婪是无止境的。

实质上，历史上的生产资料垄断者，都是占有生产资料，强迫劳动者为他们提供剩余劳动，只不过他们榨取剩余劳动的形式不同而已。在资本主义社会，假定工厂工人的工作日由6小时必要劳动和6小时剩余劳动组成，那么，自由工人每周为资本家提供的剩余劳动就是36小时。这等于他每周为自己劳动3天，又为资本家白白地劳动3天，只是这种情形将剩余劳动和必要劳动融合在一起，工人工作一天资本家就发一天的工资，一般情况下是觉察不出来的。

资本家延长工作日，无限度地压榨剩余劳动，像狼一般的贪婪。这正如一个英国资产阶级经济学家所说的那样：工厂主贪得无厌，他们追逐利润时犯下的罪行，与西班牙人征服美洲追逐黄金时犯下的买卖黑奴、鞭笞黑奴的暴行相比，有过之而无不及。我们举几个发生在资本主义国家关于剥削的真实例子，来充分认识资本家的本性：

威廉·伍德，9岁，从7岁零10个月就开始做工，具体工作是"运模子"，就是把已经入模的坯子搬到干燥房，再把空模搬回来。每周天天早晨6点上工，晚上9点左右下工。"我每周天天都干到晚上9点钟。最近8个星期都是这样。"就是说，一个9岁的孩子每天竟要劳动15小时。

◎ 这幅插图描绘了 1848 年在伦敦工厂干活的童工，以及正在辱骂、殴打他们的工头。

詹·默里，12 岁，他说："我干的是运模子和转辘轳，我每天早晨 6 点钟上工，有时 4 点钟上工。昨天，我干了一整夜，一直干到今天早晨 6 点钟，我从前天夜里起就没有上过床。除我以外，还有八九个孩子昨天都干了一整夜。我一个星期挣 3 先令 6 便士。昨天，我整整干了一夜，也没多得到一个钱，上星期我就整整干了两夜。"

由于劳动时间过长，陶工的寿命特别短。他们一般都是身材矮小，发育不良，而且胸部往往是畸形的。他们迟钝而又贫血，常患消化不良症、肝脏病、肾脏病和风湿症，体质极为虚弱。他们最常患的还是胸腔病、肺炎、肺结核、支气管炎和哮喘病。有一种哮喘病是陶工特有的，通称陶工哮喘病或陶工肺结核，患这

图解资本论

种病的陶工占 2/3 以上。

除陶器业外，英国火柴制造业压榨劳动力的情况也十分严重。自 1833 年发明用木梗涂磷的办法后，火柴制造业便在英国迅速地发展起来，并很快就由人口稠密的伦敦地区传到曼彻斯特、伯明翰、利物浦、布利斯托尔、诺里奇、新堡、格拉斯哥等地，它同时也使火柴工人的职业病——牙关锁闭症——蔓延到各地。火柴工人中有一半是 13 岁以下的儿童和不满 18 岁的少年。火柴制造业有害健康，令人生厌，所以，工人阶级中只有那些最不幸的人，饿得半死的寡妇等，才肯把衣衫褴褛、饿得半死、无人照管、未受教育的孩子送去干这种活。1863 年，在议会调查询问过的证人当中，有 270 人不满 18 岁，40 人不满 10 岁，10 人只有 8 岁，5 人只有 6 岁。工作时间 12 小时、14 小时或 15 小时不等，此外还有夜间劳动，没有固定的吃饭时间，而且多半是在充满磷毒的工作室里吃饭……

从价值增殖过程来看，不变资本即生产资料的存在，就是为了榨取劳动，还榨取一定比例的剩余劳动。有一种相对缓和的办法，可以大致满足资本家吮吸劳动者鲜血的欲望，那就是把工作日延长到自然日的界限以外——夜间。在一天 24 小时内都占有劳动者的劳动，一天 24 小时都能榨取到剩余价值。这是资本主义贪婪的本质，资本家会想方设法达到这个目的。但是一天 24 小时日夜不停地榨取同一劳动者，从生理条件上说是不可能的。为了榨取更多的剩余劳动，资本家找到了一个克服生理障碍的办法，那就是让白天被吸尽鲜血的劳动者和夜里被吸尽鲜血的劳动者交替换班工作。换班有多种办法，比如，让一部分工人这个星期做日班，下个星期做夜班等。这种换班制度，现在已经被世界各地不同体制的国家所接受。这样，一天 24 小时昼夜不停的生产过程，为资本家打破名义上的工作日界限提供了极大的方便。

什么是一个工作日呢？资本支付的劳动力日价值，究竟可以在多长的时间内消费劳动力呢？在劳动力本身的再生产所需要的劳动时间以外，究竟可以把工作日再延长到什么程度呢？对这些问题，资本的回答是：工作日就是一天 24 小时减去几小时休息时间。不言而喻，工人终身都是劳动力，按照自然和法律，工人的全部可供支配的时间都是劳动时间。也就是说，人的劳动力应该全部用于资本的自行增殖。至于个人受教育的时间、发展智力的时间、履行社会职能的时间、进行社交活动的时间、自由运用体力和智力的时间，以及星期日的休息时间等等，对资本来说全都是废话。资本家贪得无厌，不管劳动力的寿命长短，只想把工人变成只会干活的机器……

14 世纪中叶到 17 世纪末叶是资本主义发展的最初阶段，这一阶段，生产技术以手工劳动为特征，要大力发展生产，只有不断增加劳动量。这时，资本家主要通过延长工作日来提高剥削程度。由于资本无限度地追逐剩余劳动，像狼一样贪婪，这种贪婪，不仅突破了工作日的道德极限，而且突破了工人的身体极限。它侵占了人的身体成长、发育和维持健康所必需的时间。工

图解资本论

作日的界限，不是由维持劳动力的正常状态所必需的休息时间来规定，而是由对劳动力每天最大限度的压榨来规定休息时间的界限。这种情况下，势必缩短工人的寿命。但是，资本是不管工人寿命的，它唯一关心的是：如何在一个工作日内最大限度地消费劳动力。它通过缩短工人的寿命来达到这一目的，这与贪得无厌的地主、奴隶主没有区别。因此，资本主义生产的实质，就是剩余价值的生产，就是对剩余劳动的榨取。

劳动力的价值包含工人再生产或延续后代所必需的生活资料的价值。由于资本无限度地追逐剩余价值，必然使工作日延长到违反自然的程度，从而使工人的寿命缩短，使工人劳动力发挥作用的时间缩短。同时，已经消费掉的劳动力必须要迅速地进行补偿。这样，在劳动力的再生产上就要投入更多的费用。我们假设，一个人从出生、接受教育，到能够付出劳动创造价值需要 10 万元。在资本的无限压榨下，其寿命缩短，只工作了 10 年，而在一定程度上给予工人适当的休息，使其寿命延长，工作 30 年，那么一个工人就节省了两个人的成长所需的费用。正像一台机器，磨损得越快，每天要再生产的那一部分机器价值也就越大。因此，资本为了自身的利益，本身也需要规定一种正常工作日，来延长劳动力发挥作用的时间。但是，对于单个的资本家来说，他所关心的只是个人的发财致富，而不会关心劳动力的衰退将给资本主义生产方式带来什么样的恶果。所以，作为资本家，他绝不会自动限制工作日。在资本主义社会，正常工作日的规定，是几个世纪以来工人和资本家之间长期斗争，不断为各自争取权益的结果。

　　资本主义进入机器大工业生产阶段后，资本家加强了对工人的剥削，最大限度地延长工作日。资本对劳动者的残酷剥削和沉重压迫，激起了工人阶级的激烈反抗。他们坚决反对过度地延长工作日，并由此开展了一系列争取正常工作日的斗争。但是，斗争的历史表明，在资本主义的成熟阶段，工人是无力反抗资本压榨的。因此，正常工作日的确立，是工人阶级同资产阶级进行长期的或隐斗或显斗的产物。这种斗争，首先开始于现代工业的发源地英国。英国工人不仅是英国工人阶级的先进战士，而且是全世界工人阶级的先进战士。

　　从19世纪初开始，英国工人阶级经过几十年长期的、反复的斗争，终于迫使资产阶级的议会通过了一系列工作日法案。

◎反映19世纪中叶法国铁路工业发展兴盛的绘画。

1848 年法国二月革命中，工人提出了 12 小时工作日制度。在法国工人阶级的坚决斗争下，法国也颁布了缩短工作日的法令。尽管这个法令没有《英国工厂法》完备，但它是通过革命斗争方式得到的，因而具有独特的优点。这个法令给所有的作坊和工厂毫无区别地规定了同样的工作日界限，为工人的工作、休息的时间争取了相对公平的比例。

为了使自己不再通过自愿与资本缔结的契约而把自己和后代卖出去送死或受奴役，全世界工人阶级必须团结起来，作为一个阶级向资产阶级做坚决斗争，才能争得一个正常工作日。

经过了长期的、坚决的斗争，1886 年 5 月 1 日，美国大约35 万工人举行的大罢工获得了 8 小时工作制的权利。

目前，世界各国普遍实行每天 8 小时，每周工作 40 小时工作制。工业发达的国家多实行小时工资制，日工作时间多短于 8 小时。有些国家也不同：新加坡的法定工作时间是每周 44 小时；法国的法定工作时间是每周 35 小时；加拿大法定工作时间是一周 48 个小时……

尽管各个国家的法定工作时间有所不同，但是已经大大好于资本主义初期混乱的、不管工人承受能力而随便强加给工人的劳动时间，走向了一个良性发展的阶段。

关键词：工作日　二律背反　剩余劳动

资本主义工资

工人劳动，只有一个目的，那就是工资。工资是劳动力价值或价格的货币表现形式。但是，在资本主义社会，工资并不是直接表现为劳动力的价值或价格，而是表现为劳动的价格。资产阶级经济学家把劳动价值的货币表现叫作劳动的必要价格或自然价格。另外，资产阶级经济学家还提出，受劳动供求关系的影响，社会还会形成一个劳动的市场价格，这种市场价格围绕着劳动的必要价格而上下波动。若市场上缺少工人，资本家会相应提高工资以吸引工人；若市场上失业工人较多，工人急于找工作，则资本家就会降低工资，同样能招到工人。

实际上，工资是不可能表现劳动的价值或价格的。因为，劳动不是商品，也就无所谓价值或价格。商品的价值是由凝结在商品中的人类一般劳动形成的，商品的价值量是用生产商品所耗费的劳动量来计量。如果说劳动是商品，有价值，那么，一个 12 小时的工作日价值又由什么来决定呢？如果说一个 12 小时的工作日价值是由 12 个劳动小时决定的，这是同义语反复，毫无意义。

劳动作为商品要在市场上出卖，必须在它出卖之前就已经存在。但是，如果工人能够使它的劳动独立存在，那么，工人出卖的就是物化劳动，即出卖的是商品而不是劳动。

举个例子，假定 12 小时工作日的货币价值为 6 元，如果实行等价交换，工人用 12 小时劳动就能够获得 6 元货币，工人劳

◎18世纪60年代，工业革命开始于英国，这场空前规模的技术革命，使英国先后建成了纺织、钢铁、煤炭、机器制造和交通运输5大工业部门，到19世纪50年代取得了世界工业和贸易的垄断地位。经济的发展促进了西方经济学的发展。

动的价格就等于他的产品的价格。如果这样，工人就没有为资本家创造剩余价值，这6元货币就不能转化为资本。资本家得不到利益，就不会组织生产。如果不实行等价交换，即劳动按照低于它所创造的价值卖给资本家，则又违背了价值规律。

在商品市场上，同资本家直接对立的不是劳动，而是工人。工人出卖的是他的劳动力而不是劳动。当劳动在实际上已经开始的时候，它就不再属于工人，因而工人也不可能再出卖自己的劳动了。所以，劳动是价值的实体和内在尺度，但是它本身没有价值。

工资是劳动的价值或价格的提法虽然荒谬，但在资本主义的现实生活中，作为劳动力的价值，工资的确在形式上表现为劳动的价值或价格。

这是因为，劳动力的日价值是根据工人的一定寿命来计算的，而同工人的一定寿命相联系的是一定长度的工作日。假定一个普通工作日是 12 小时，劳动力的日价值是 3 元，这 3 元是 6 个劳动小时的价值的货币表现。如果工人获得 3 元，资本家也就获得了在 12 小时内执行职能的劳动力的价值。这时，如果把劳动力的日价值当作日劳动的价值来表现，就会得出这样一个公式：12 小时的劳动等于 3 元价值。也就是说，这 3 元的劳动力价值，好像变成了 12 小时劳动的报酬，这样一来，劳动力的日价值就表现为一日劳动的价值了。

既然劳动的价值只是劳动力价值的不合理用语，那么，劳动的价值必定小于劳动的价值产品，因为，资本家是要从中吸取剩余价值的。在上例中，我们得到一个荒谬的结果：创造 6 元价值的劳动 =3 元的价值。其中的 3 元已经被资本家无情占有了，这就是资本家隐藏在生产中的、剥削工人的秘密。劳动力价值采取工资的形式，抹平了工作日分为必要劳动和剩余劳动、有酬劳动和无酬劳动的一切痕迹，工人的劳动全都表现为"有酬劳动"；劳动力价值表现为工资的形式，巧妙地掩盖了资本对劳动的剥削关系。

因此，资本主义社会的雇佣劳动比封建社会、奴隶社会更有欺骗性，更容易让被剥削者从心理上接受。在封建劳动中，服徭役者为自己的劳动和为地主的劳动，在时间和空间上都有着十分明显的界限。在奴隶社会，奴隶的全部劳动都表现为无酬劳动，连奴隶用来生产自己生活资料的那部分工作日，也表现为是为奴隶主进行的劳动。而资本主义社会的雇佣劳动，则是工人的剩余劳动或无酬劳动全部表现为"有酬劳动"。奴隶社会的所有制关系掩盖了奴隶为了自己的生存而必需的必要劳动，而雇佣劳动中，货币关系掩盖了雇佣工人的无偿劳动。

在资本主义生产过程中采用工资形式，工人和资本家之间的"自由、平等、权利"之类的法权观念得到认可。资本主义生产方式的所有神秘性、资产阶级庸俗经济学家为雇佣劳动制度辩护的一切遁词，都是以这个表现形式为依据的。

关键词：工资　有酬劳动

资本主义工资的两种基本形式

资本主义的工资有多种多样的形式：年薪、月薪、周薪、日薪、小时工资等；作家写一篇文章按字数领薪酬；画家画一幅画，拍卖得到报酬；吹糖人的艺人，卖出一个糖人就得到一份酬劳；裁缝做一件衣服得一份酬劳……随着时间的推移和社会的发展，形形色色的工资形式还会不断地增加、改变。这里我们就对占统治地位的两种基本形式做一个简单的说明。

资本主义工资有两种基本形式：计时工资和计件工资。

计时工资

计时工资是工资的最基本形式，我们生活中也有，最常见的是钟点工、临时工等，是劳动力价值和价格的直接转化形态。劳动力通常都是按一定时间来出卖的，这种按照劳动时间长短来支付的工资就是计时工资。出卖劳动力的时间可以是一月、一周、一日或一小时，因此，就有月薪、周薪、日薪和小时工资。这些工资是劳动力在某一段时间内价值的转化形式。

工人通过一日劳动、一周劳动所得到的货币额，形成他的名义上的"按价值计算的"工资额。但是，工作日的长短不同，工人每天所提供的劳动量不一样，因此，同样的日工资、周工资可以有不同的劳动价格，也就是说，可以对同量的劳动支付不同的货币额。所以，考察计时工资，必须先把工资总额即日工资、周工资等的总额和劳动价格区别开来。

什么是劳动价格呢？所谓劳动价格，就是工人出卖劳动力所获得的劳动报酬。劳动价格是用劳动力的日价值除以平均工作日的小时数而得出的。劳动价格是计时工资的单位尺度，日工资、周工资，就是用劳动小时为单位来计算的。这只是一个简单的乘除法：

劳动价格 = 劳动日价值 / 平均日工作小时数

工资 = 劳动价格 × 总工作小时数

要考察资本家如何利用计时工资来剥削工人，必须把工资总额、劳动价格和工作日长度三个方面联系起来。三者的关系有以下几种情况：

1. 劳动价格和工作日长度改变，日工资、周工资不变。

例如，一个普通工作日是 10 小时，劳动力的日价值是 12 元。那么，劳动价格就是 1.2 元 / 小时。如果把工作日延长到 12 小时，劳动价格就降到 1 元 / 小时；如果工作日延长到 15 小时，劳动价格就降到 0.8 元 / 小时。日工资、周工资都保持不变。

与此相反的是，在劳动价格不变甚至下降的情况下，日工资或周工资可以提高。还是上面的例子，劳动价格是 1.2 元 / 小时。如果把工作日延长到 12 小时，工人日工资就会增加到 1.2 元 / 小时 × 12 小时 =14.4 元，但劳动价格没有发生变化。

因此，在提高日工资或周工资的同时，劳动价格可以保持不变或者下降。

2. 在增加日工资、周工资的情况下，如果延长工作日，劳动价格只能保持原来水平。

如果劳动价格或劳动小时的价格不变，而延长工作日的长度，这种情况就会发生。

劳动价格 1.2 元 / 小时不变，日工资增加到 14.4 元，劳动时间也从原来的 10 小时延长到 12 小时，资本家延长工人的工作日，尽管提高了工人的日工资总额，但是劳动价格却没有发生变化，就是说，工人受剥削的程度没有减轻。

◎欧文认为劳动才是衡量价值的真正尺度，并在1832年推出"劳动兑换券"。这样，商品的买卖价格就由制造该产品具体所花费的时间而定，但该计划不久就宣告失败。

3. 在增加日工资、周工资的情况下，如果延长工作日，劳动价格还会降低到它的正常水平以下。

例如，日工资由12元增加到12.6元，但劳动时间由12小时延长到14小时，劳动价格就由1.2元/小时下降为0.9元/小时。

这说明，资本家延长工人的工作日有一个界限，如果超过这个界限，即使提高工人的日工资，劳动价格不但不会提高反而还会下降。

计件工资

计件工资是计时工资的一种转化形式，就像计时工资是劳动力的价值或价格的转化形式一样。

在实行计件工资的地方，容易产生这样一种假象：好像工人出卖的使用价值不是他的劳动力，而是已经物化在产品中的劳动，并且，这种物化劳动的价格也不像计时工资那样是由劳动价格来决定，而是由劳动者的工作效率来决定。这一假象掩盖了计件工资是计时工资的转化形式的真相。

实际上，计件工资的形式同计时工资的形式一样，都是不合理的，它们只是两种不同的工资形式而已。计件工资和计时工资不但可以在同一行业中同时并存，而且还可以同时并存于同一行业的同一种劳动中。计件工资和计时工资都是以劳动时间来计量的，不同的是：计时工资是用直接的劳动持续时间来计量；而计件工资则是间接地通过一定时间内生产的产品的数量来计量（即：小时／件）。就是说，计件工资是用工人的日工资除以工作日内完成的产品件数而得出的。因此，计件工资是计时工资的转化形式。

计件工资有以下特点：

1. 实行计件工资，产品质量成为支付计件价格的前提。

用来计量的产品必须具有平均的质量，也就是一个统一的标准，这样，计件价格才能得到完全的支付。在实行计件工资的地方，资本家常以工人生产的产品达不到质量要求而任意克扣工人工资。因此，从这个方面说，计件工资是克扣工资和进行资本主义欺诈的最丰富的源泉。

2. 计件工资为资本家提供了一个十分精确的计算劳动强度的尺度。

在生产过程中，资本家预先规定一个劳动时间作为社会必要劳动时间，并以这种劳动时间来计算报酬。如果工人没有平均的工作效率，也就不能提供最低限度的日劳动，工人就会被解雇。

3. 劳动质量和强度是由工资形式本身来控制的，资本家省去了大部分对劳动监督工作的资本消耗。因此，计件工资既形成了现代家庭劳动的基础，同时也为在资本家和雇佣工人之间的中间剥削者的形成奠定了基础。

4. 实行计件工资，将会使工人为了获得更多的报酬而拼命工作，提高工作效率，这使资本家很容易就能达到提高劳动强度和延长工作日的目的，从而榨取更多的剩余价值。

工人是永远算计不过资本家的。延长工作日是可以提高工人的日工资或周工资，同时也会引起我们研究计时工资时已经指出过的反作用，即在计件工资保持不变的情况下，工作日的延长本身就包含着劳动价格的下降。

所以，我们可以得出这样一个结论：计件工资是最适合资本家剥削工人的工资形式。

无论是计时工资，还是计件工资，工人都摆脱不了被资本家剥削剩余价值的命运。

关键词：计时工资　计件工资　劳动价格

图解资本论

工资的国民差异

我们已经知道，工资是劳动力的价值或价格的外在表现形式，工资的运动规律就是劳动力的价值或价格的运动规律。

但是，在不同的国家，或在同一国家的不同时期，决定劳动力价值的因素也是各不相同的。因此，比较资本主义各国工资的差异，必须考虑决定劳动力价值变化的一切因素。这些因素包括：在社会历史发展过程中形成的各种自然因素，劳动者必需的生活资料的价格和范围、工人受教育的费用、妇女和儿童参加劳动所产生的作用、劳动生产率的发展状况以及劳动的外延量和内涵量……

我们常听说的最低工资标准，简单说，就是能够维持工人生活的最底线，这条线是多少？我们举个例子来了解：欧盟成员国之间最低工资标准相差有17倍之高。保加利亚月最低工资收入为92欧元；卢森堡则高达1570欧元，是前者的17倍。实际上，在保加利亚、捷克到爱沙尼亚的东欧国家，最低工资水平均不超过300欧元，越往西，从爱尔兰到荷兰，最低工资则接近1200欧元。

所以，哪怕是做一个最肤浅的比较，首先也应该把不同国家同一行业的平均日工资转化为长度相等的工作日。除此而外，还必须把计时工资转化为计件工资，因为不同的国家，或在同一国家的不同时期的生产力不尽相同。如：一把木梳，在 A 国的社会必要劳动时间是 10 分钟，B 国很可能就是 15 分钟，那么单位时

○19世纪英国工业发展迅速。

间内的劳动力价值就一定不同，所以，只有计件工资才是计算劳动生产率和劳动内含量的尺度。

　　一个国家的不同工厂生产同一物品（木梳）的生产力不同，所用的劳动时间也不尽相同，但是每一个国家都会以国内中等劳动强度的平均数作为计算尺度，只有高于中等劳动强度的社会必要劳动时间才决定商品的价值。在中等劳动强度以下的劳动，所耗费劳动时间要多于社会必要劳动时间，因而不能把它作为正常质量的劳动。在一个国家内，只有超过社会中等劳动强度以上的劳动强度，才能够改变单纯按劳动的持续时间来进行的价值计量。

图解资本论

但世界市场则与此不同。每个国家都有一个中等的劳动强度，国家不同，劳动的中等强度也就不一样。国际市场上商品的价值是以世界中等劳动强度的平均数作为计算尺度的。因此，在同一时间内，强度较大的国民劳动将比强度较小的国民劳动生产出更多的价值，即能够获取更多的货币。

但是，价值规律在国际上的应用，不仅受劳动强度的影响，还受到劳动生产率的影响。只要劳动生产率较高的国家没有因为竞争而降价，特别是没有把商品的出售价格降低到和商品价值相等的程度，那么，生产效率较高的国民劳动在世界市场上仍被认为是强度较大的劳动。

在资本主义社会，一个国家的生产越发达，它的国民劳动强度和劳动生产率就越超过国际水平。因此，不同国家在相同的劳动时间内所生产的同种商品的数量会不同，可以有不同的国际价值，就是说，可以表现为不同的价格，即按各自的国际价值而表现为不同的货币额。

举例来说，假定生产某一商品的社会必要劳动时间为 2 小时，国际价值表现为 2 元货币。如果发达国家 12 小时能生产 6 件商品，而不发达国家 12 小时只能生产 3 件商品，那么，在世界市场上，发达国家可以获得 12 元货币，而不发达国家只能获得 6 元货币。

这说明，同一劳动时间生产的商品，发达国家可以表现为较多的货币，不发达国家只能表现为较少的货币。所以，就货币的相对价值来说，前者小于后者。由此可以得出结论：资本主义发达国家的名义工资比不发达国家高，但绝不是说，实际工资也是这样。

在资本主义社会，实际工资可能高，也可能不高。所谓实际工资，既包括实际工资的绝对量，还包括实际工资能否补偿劳动力消耗的那部分价值。由于资本主义发达国家劳动强度和劳动生产率较高，工人的日工资、周工资比不发达国家要高，而劳动价格，即同剩余价值和产品价值相比较的劳动价格却比较低。资本主义发达国家工人的名义工资虽然看起来较高，但由于劳动强度和劳动生产率高，说明资本家占有的剩余价值也就更多。如下是世界各国居民人均工资一览表。

世界各国及地区居民人均工资

国家及地区	居民人均工资	国家及地区	居民人均工资
美国	36 000 美元	阿根廷	3 700 美元
英国	25 000 英镑	巴西	3 000 美元
德国	25 000 欧元	沙特阿拉伯	8 500 美元
越南	430 美元	墨西哥	6 000 美元
肯尼亚	360 美元	蒙古	430 美元
新加坡	60 000 新币 （约 37 500 美元）	韩国	1 200 万韩元 （约 12 000 美元）

图解资本论

国家及地区	居民人均工资	国家及地区	居民人均工资
中国台湾	360000 台币 （约 12000 美元）	日本	350000 日元 （约 35000 美元）
中国	8000 元 （约 1000 美元）	俄罗斯	36000 卢布 （约 1200 美元）
马来西亚	15000 马币 （约 4000 美元）	印度	22000 卢比 （约 500 美元）

关键词：工资　计算尺度　实际工资

第四节
剩余价值率和剩余价值量

假定劳动力的价值，即再生产或维持劳动力的必要劳动时间，是一个已知的不变量。

根据这个假设，就知道剩余价值率，同时也就可以知道一个工人在一定的时间内为资本家提供的剩余价值量。例如，一天工作 6 小时，如果必要劳动为 3 小时，表现为金额 1 元，那么，1元就是一个劳动力的日价值，或者说，是购买一个劳动力所预付的可变资本。如果剩余价值率是 100%，那么，这 1 元的可变资本就可以生产 1 元的剩余价值量，或者说，工人每天提供 3 小时的剩余劳动量。

可变资本是资本家购买全部劳动力的总价值的货币表现。如果一个劳动力的日价值是 1 元，那么，每天雇用 100 个劳动力，就必须预付 100 元的资本，如果要雇用 n 个劳动力，就必须预付 n 元的资本。所以：可变资本价值＝劳动力平均价值 × 劳动力总数。

在劳动力价值定量的情况下，可变资本的量同雇用的工人人数成正比。如果 1 元的可变资本是一个劳动力的日价值，每天可生产 1 元的剩余价值。

那么：

图解资本论

可变资本	剩余价值
1元	1 × 1 = 1元
100元	1 × 100 = 100元
n元	1 × n = n元
...	...

所以：剩余价值＝一个工人在一个工作日生产的剩余价值 × 工人总数。

另外，在劳动力价值作为定量的情况下，一个工人生产的剩余价值量是由剩余价值率决定的。由此可以得出第一个规律：剩余价值＝预付的可变资本量 × 剩余价值率。

或者说，等于一个劳动力的剩余价值乘以这个资本家同时剥

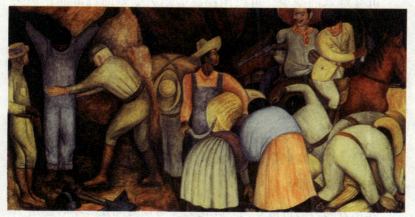

○这幅名为《剥削者》的壁画描绘了资产阶级对工人阶级的残酷剥削，以及工人的艰难处境。

削的劳动力的总数。从这个规律中，可以得出如下结论：生产一定量的剩余价值时，一种因素的减少可以由另一种因素的增加来补偿。如果可变资本减少，剩余价值量则可由剩余价值率按同一比例提高而保持不变。上例中，假设一个资本家每天要雇用 100 个工人，就必须预付 100 元，如果剩余价值率是 50%，那么，这 100 元的可变资本就可生产 50 元的剩余价值，或 100×1.5 个劳动小时的剩余价值。用时间来计算也是一样：工人每天提供 6 小时的剩余劳动量，剩余价值率是 100%；那么 1.5 小时的剩余劳动量，剩余价值率就是 50%。

如果剩余价值率提高一倍，或者工作日从 6 小时延长至 9 小时，尽管可变资本由 100 元减少到 50 元，但这 50 元的可变资本仍可生产 50 元的剩余价值。

可变资本的减少，可以用提高劳动力受剥削程度的比例来补偿。或者说，雇佣工人人数的减少，可以用按比例地延长工作日的方式来补偿。所以，在一定范围内，资本所能榨取的剩余价值，并不完全取决于劳动力人数的多少。反之，如果剩余价值率降低了，只要增加可变资本的数量，或者按比例增加雇佣工人的人数，所生产的剩余价值量仍然不变。

但是，靠提高剩余价值率或延长工作日来补偿工人人数的减少，是有一定界限的。

无论劳动力的价值如何，无论必要劳动时间是 2 小时还是 10 小时，一天的时间是固定的，一个工人每天的劳动时间总是小于

24小时，而且，工人的劳动时间也不可能全是剩余劳动时间。上例中我们假定，3小时的劳动等于一个劳动力的日价值，或者说，要补偿购买劳动力所预付的资本价值，每天需要劳动3小时。如果资本家将工作日延长到6小时，在剩余价值率为100%的条件下，资本家用500元的可变资本，使用500个工人，每天可生产500元的剩余价值，或3×500个劳动小时的剩余价值。如果资本家将工作日延长到9小时，尽管剩余价值率变为200%，但资本家将工人从500人减少为100人，这时工人只能生产200元的剩余价值，或6×100个劳动小时的剩余价值。资本家不可能将工作日延长到24小时，从而使剩余价值率将提高到700%，即使可能，工人也只能生产700元的剩余价值，还比不上原来500个工人在6小时生产的1000元的剩余价值。

因此，在一个工作日内，从一个工人身上榨取的剩余价值量，总有一个不能超越的最高界限，资本家想要得到更多的剩余价值，就只能是增加工人人数，即增加可变资本的数量。这样，就形成剩余价值量的第二个规律：雇佣工人人数的减少可以由劳动力受剥削的程度的提高来补偿。

从以上两个规律可以引申出第三个规律：在剩余价值率和劳动力价值已定的情况下，所生产的剩余价值量同预付的可变资本量成正比。因为剩余价值量取决于剩余价值率和可变资本量。如果剩余价值率已定，劳动力价值或必要劳动时间量已定，那么，可变资本越大，所生产的剩余价值量也就越大。

如果工作日的界限及其必要劳动时间已定，那么，一个资本家在生产中获得的价值量和剩余价值量，则取决于他所推动的劳动量。但根据以上假设，资本家推动的劳动量又取决于他所剥削的劳动力的数量，即他所剥削的工人人数，而受他剥削的工人人数又是由资本家的预付可变资本量决定的。

　　在剩余价值率和劳动力价值已定的情况下，剩余价值量同预付的可变资本量成正比，也就是与劳动力总数成正比。但是，资本家把他的资本分割为两部分，一部分用来购买生产资料，这是他的不变资本，另一部分用来购买劳动力，这一部分形成他的可变资本。在不同生产部门中，尽管生产方式相同，但资本划分为不变部分和可变部分的比例却是不同的。在同一生产部门内，这一比例是随着生产过程中科学技术发展的变化而变化的。但是，无论怎样变化，无论资本是分为不变资本还是可变资本，无论后者与前者之比是多少，上面这个规律都不会受到影响。因为，不变资本的价值虽然再现在产品价值中，但它并不形成产品的新价值。在生产过程中，1000个木梳工人所需的木材、工具、场地，当然比100个木梳工人耗费得多。但是，不管这些追加的生产资料的价值是提高、降低，还是不变，也不管是大是小，都不会对劳动力的价值增殖过程有任何影响。

因此，上面这个规律就具有这样的形式：在劳动力价值已定和劳动力受剥削的程度相同的情况下，不同的资本所生产的价值量和剩余价值量，同这些资本的可变部分(劳动力部分)的量成正比。

从剩余价值量的变化规律中可以得出结论：雇佣工人的人数是决定剩余价值量的一个重要因素。雇用一定数量的工人，就需要预付一定量的资本。因此，货币转化为资本，就必须有一个最低限额，预付资本只有达到这个最低限额，货币才能转化为资本，货币所有者才能成为资本家。

剩余价值率可以用下面的公式来表示：

$$\frac{\text{剩余价值}\ m}{\text{可变资本}\ v} = \frac{\text{剩余价值}}{\text{劳动力价值}} = \frac{\text{剩余劳动}}{\text{必要劳动}}$$

其中，前两个比是价值的比率，第三个比是生产剩余价值所需要的时间的比率，它们都是用来表示剩余价值率的，因此，它们可以互相替代，但在概念上则有着严格的区分。实质上，这些公式早在古典政治经济学中就已经制定出来，只是，当时并不是有意识地制定的，在古典政治经济学中，我们看到的是下列派生的公式：

$$\frac{剩余劳动时间}{工作日} = \frac{剩余价值}{产品价值} = \frac{剩余产品}{总产品}$$

这里，同一个比率交替地表现在劳动时间的形式上，在劳动时间借以体现的价值形式上，这些价值借产品的形式得以表现。当然，这里所说的产品价值只能理解为工作日的价值产品，它不包括产品价值的不变部分。

在第二个公式中，剩余价值率表现为一种虚假现象。举例分析，我们假定工作日为 12 小时，根据我们前面例子的其他各项假设，它实际的劳动剥削程度就可以表现为如下的比率：

$$\frac{6 小时剩余劳动}{6 小时必要劳动} = \frac{3 元剩余价值}{3 元可变资本} = 100\%$$

但是，根据公式二我们得出的比率却表现为：

$$\frac{6 小时剩余劳动}{12 小时工作日} = \frac{3 元剩余价值}{6 元产品价值} = 50\%$$

这两个派生的公式实际上表示：工作日或其价值产品是按什么比例在资本家和工人之间进行分配的。如果把这些公式看作资本自行增殖的直接表现，就会得出这样一个虚假结论：剩余劳动或剩余价值绝不可能达到 100%。因为在一个工作日中，剩余劳动始终只能是其中的一个部分，而剩余价值也始终只能是价值产品的一部分，只有在剩余劳动同工作日相等的情况下，才能达到100%的比率。就是说，剩余劳动要占据整个工作日（这里指一周劳动或一年劳动等的平均日），必要劳动就必须为零。但是，如果必要劳动消失了，剩余劳动也就不复存在了。剩余劳动只是必要劳动的函数。因此，在这个派生公式中，剩余价值率永远不可能达到100%的界限，更不能提高。

把价值产品分为剩余价值和劳动力价值两个部分，是资本主义生产方式的一种表现方式。这种表现方式掩盖了资本关系的特殊性质，即掩盖了可变资本与活劳动力的交换，以及与此相适应的工人与产品的分离。资产阶级用一种协同关系的假象，掩盖了资本关系的本质。仿佛工人和资本家在这种协同关系中地位平等，都是按照产品的不同形成要素的比例来分配自己产品的。

实质上，公式二在任何时候都能转化成公式一。举例说明，假定6小时剩余劳动，12小时工作日，那么，必要劳动时间则等于12小时工作日减掉6小时剩余劳动，即：

$$\frac{6 小时剩余劳动}{6 小时必要劳动} = 100\%$$

我们得出的第三个公式是：

$$\frac{剩余价值}{劳动力价值} = \frac{剩余劳动}{必要劳动} = \frac{无酬劳动}{有酬劳动}$$

通过前面的分析，我们可以得出无酬劳动就是剩余劳动，有酬劳动就是必要劳动，它们只是这个公式的一种通俗表述。

资本家用支付劳动力价格的价值购买工人的劳动，在交换中取得对活劳动力本身的支配权。他把这种劳动力的利用分为必要劳动和剩余劳动两个时期。在必要劳动期间，工人只生产相当于他的劳动力价值的等价物。这样，资本家预付出购买劳动力的资本后，就得到一个价格相等的产品。这就好像是资本家在市场上等价购买现成的产品。而在剩余劳动期间，工人生产的产品全部归资本家所有，而资本家却无须付出任何代价。资本家无偿地获得了对这种劳动力的利用。从这个意义上说，剩余劳动就可以称为无酬劳动。

因此，资本家的本质就是对无酬劳动的支配和占有。一切剩余价值，不论它后来是以利润、利息、地租等形式表现，还是以其他的特殊形式表现，它在实质上都是无酬劳动的化身。资本自行增殖的秘密，归结起来就是资本家对别人的一定数量的无酬劳动的支配和占有。

知道了剩余价值率，工人就可以通过资本家付给的工资来计算资本家从自己身上榨取了多少剩余价值量，也就认清了资本家的贪婪本质。

关键词：剩余价值率　剩余价值量　可变资本　劳动力价值　剩余价值

图解资本论

第三章

绝对剩余和相对剩余

第一节
绝对剩余价值和相对剩余价值

　　工人每个工作日中有一部分劳动是维持其正常生活的所必须的，为必要劳动，是生产资本所支付的劳动力价值的等价物，这一部分是不变量。但在必要劳动时间之外，工人还要劳动若干小时，剩余价值率的高低和工作日的长度，就取决于这个必要劳动时间之外的劳动时间延长的量。如果说必要劳动是不变量，那么，工作日则是可变量。假定有一个工作日，它的劳动时间总长度为 12 小时，其中必要劳动时间为 10 小时，剩余劳动时间为 2 小时。

　　即使工作日的总长度已定，剩余劳动仍然可以延长。不过，这种延长不是超过工作日总长度的终点向前延伸，而是通过缩短必要劳动时间来相应延长剩余劳动时间。如果在 12 小时的工作日中，将必要劳动由 10 小时缩短到 9 小时，那么，剩余劳动就相应的从 2 小时延长到 3 小时。这样，在 12 小时工作日总长度不变的前提下，剩余劳动增加了一半。必要劳动的缩短要与剩余劳动的延长相适应，就是说，工人要把一直为自己工资耗费的劳动时间中的一部分，转化成为资本家的剩余价值耗费的劳动时间。这里，改变的不是整个工作日长度，而是工作日中必要劳动和剩余劳动的长度界限。

在生产过程中，要缩短必要劳动时间，就需要降低劳动力价值，也就是降低劳动者必要生活资料的价值量。劳动力的价值就是生产劳动力所必要的劳动时间。工人劳动力的价值是由劳动力再生产所必需的生活资料价值决定的。知道生活资料的价值，也就可以知道工人劳动力的价值。资本家可以采用把工人的工资压低到劳动力价值以下的方法，来扩大剩余劳动的范围，但这种方法侵占了必要劳动时间的范围，因而应该被排除掉。我们假定一切商品、劳动力，资本家都是按照十足价值购买的。既然做了这样的假定，必要劳动时间就不能因为工人的工资低于他的劳动力

◎这幅墨西哥壁画用夸张的手法，描绘了早期的资本家为了追求利益而不惜使用一切手段进行贸易掠夺的场景。

的价值而减少，而只能在劳动力价值本身降低时才减少。

　　工人劳动力价值的降低取决于他每天必需的生活资料价值的降低，生活资料价值的变动又与劳动生产率的发展分不开，所以，要降低劳动力价值，就必须提高劳动生产率。劳动生产率的提高，是指劳动过程中的一种变化，这种变化能缩短生产某种商品所需要的社会必要劳动时间，从而用较小的劳动量获得较大的使用价值。

　　要提高劳动生产率，就必须变革劳动过程中的技术条件和社会条件，只有对生产方式进行改革，才能提高劳动生产力；只有提高劳动生产率，才能降低劳动力的价值；只有降低劳动力的价值，才能缩短社会必要劳动时间。

　　要降低劳动力的价值，必须提高那些制造或提供必要生活资料的产业部门的劳动生产率。因为这些部门的产品决定劳动力的价值，它们或者属于生活资料，或者能代替生活资料。另外，商品的价值不仅取决于最终形成商品的劳动力的量，而且还取决于形成该商品的生产资料所包含的劳动量。例如，木梳的价值不仅取决于木梳工人的劳动，还取决于生产木梳所需的木材、砂纸等材料的价值。所以，那些为生活资料提供不变资本物质要素的产业部门生产力的提高，以及相关产品价格的降低，也会降低劳动力的价值。但是，那些既不提供必要生活资料，也不为制造必要生活资料部门提供生产资料的产业部门生产力的提高，则不会影响劳动力的价值。

通过延长工作日总长度而生产的剩余价值，叫作绝对剩余价值。与此相反，通过缩短必要劳动时间、相应的改变工作日的两组或部分的量在比例而生产的剩余价值，叫作相对剩余价值。

如果从整个劳动过程的结果来考察，劳动资料和劳动对象的具体表现就是生产资料，劳动本身则表现为生产劳动。但是，这个生产劳动的定义，是从简单劳动过程的观点出发而得出的，在资本主义制度下的生产劳动中，这个定义是远远不够的。随着资本主义劳动过程的不断发展，在生产过程中，脑力劳动和体力劳动逐渐分离，到后来则处于一种互相对立的状态。产品也从单个劳动者的个人产品转化为社会产品，转化为总体工人的共同产品。这样，随着劳动过程的协作性的发展，生产劳动和生产工人的概念也就扩大了。在从事生产劳动时，劳动者不一定要亲自动手完成整个操作过程，作为总体工人中的一个，他只要能完成其中某一部分操作就够了。以上从物质生产本身得出的关于生产劳动的最初定义，对于作为整体来看的总体工人来说，始终是正确的，但对于总体工人中的每一个成员来说，就不再适用了。脑力劳动者通过用脑简化生产步骤，减少体力劳动强度，与体力劳动者相互配合共同完成生产过程。因此，体力劳动者是生产工人，脑力劳动者也是生产工人。

资本主义的生产不仅是商品生产，它在本质上是剩余价值的生产。工人不是为自己生产，而是为资本生产。工人只是一般的生产已经不够了，他必须生产剩余价值，只有为资本家生产剩余价值的工人，才能被资本家接收成为生产工人。因此，生产劳动的概念缩小了。

生产劳动，绝不仅是工人和劳动产品之间的关系，它还包含一种特殊社会的、历史产生的生产关系，这种生产关系把工人变成生产剩余价值的直接手段。在资本主义社会，生产剩余价值是生产工人的本质特征。

绝对剩余价值的生产，是把工作日延长到超出工人只生产自己劳动力价值的等价物的那个点，并由资本占有工人的全部剩余劳动。它是资本主义制度的基础。相对剩余价值是以绝对剩余价值生产为起点的。

相对剩余价值的生产，一开始就把工作日分为必要劳动和剩余劳动两个部分，资本家为了延长剩余劳动，就必须通过提高劳动生产率或革新劳动技术等方法来缩短必要劳动时间。因此，绝对剩余价值的生产只同工作日的长度发生关系，而相对剩余价值的生产则使劳动的技术过程和社会组织发生巨大的变化。

如果说绝对剩余价值的生产只是使劳动者在形式上从属于资本，那么，相对剩余价值的生产则使劳动者在实际上从属于资本。

在资本主义发展初期，资本家主要是进行绝对剩余价值的生产。这时，生产方式是以手工劳动为基础，工人有一定的生产经验和劳动技能，离开资本家后，工人仍可独立谋生。所以这一时期，劳动者还是形式上从属于资本。但是，当资本主义发展到机器大工业时期，工人只是专门从事机器的某一操作，成了机器的附属物，如果工人离开机器和工厂，就无法独立进行生产活动。这时，劳动者就发展到实际上从属于资本了。于是便形成

◎由于越来越多地利用机械进行大规模粮食生产，农业工人的工资越来越低。

了特殊的资本主义生产方式。在资本主义社会，无限度地延长工作日，是机器大工业的特有产物。因此，机器大工业既是生产相对剩余价值的手段，同时也是生产绝对剩余价值的手段。当特殊的资本主义生产方式一旦掌握某一生产部门，特别是一旦掌握所有决定性的生产部门后，它就会成为社会生产过程中占统治地位的形式。

绝对剩余价值与相对剩余价值是对立统一关系，二者既有联系又有区别。

从形式上看，二者具有同一性。相对剩余价值是绝对的，因为它是以工作日绝对延长到超过工人的必要劳动时间为前提。绝对剩余价值是相对的，因为它以劳动生产率的发展为条件，以把必要劳动时间限制为工作日的一个部分为前提。但是，如果仔细观察剩余价值的运动，这种表面上的同一性就消失了。在资本主

义生产方式一旦确立并占统治地位的情况下，只要涉及剩余价值率的提高，就可以发现绝对剩余价值和相对剩余价值之间的区别。假设劳动力按其价值支付，在劳动生产力和劳动强度已定的情况下，剩余价值率就只有通过工作日的绝对延长才能提高；另一方面，如果工作日的长度已定，剩余价值率就只有通过缩短必要劳动从而相应延长剩余劳动才能提高，而这种变化是在工资不低于劳动力价值的条件下，又以劳动生产率或劳动强度的提高为前提。

　　绝对剩余价值和相对剩余价值的对立统一关系说明，资本家一方面用延长工作日的方法榨取剩余价值，另一方面又用缩短必要劳动时间的方法榨取剩余价值，追求价值增殖是资本家的本性。

　　在资本主义商品生产中，相对剩余价值的生产过程是从个别到一般的过程，即从个别资本家追逐超额剩余价值到所有的资本家普遍获得相对剩余价值的过程。个别资本家提高劳动生产率，直接目的是获得超额剩余价值，当个别资本家通过提高劳动生产率从而使商品便宜的时候，他绝不是抱着降低劳动力的价值、减少必要劳动时间的目的，但只要当他实现了自己商品的价值，他也就促成了一般剩余价值率的提高。当个别资本家因采用新方法而减少了生产商品的劳动时间后，他的商品个别价值就会低于社会价值。但是，商品的现实价值是它的社会价值而不是它的个别价值，就是说，它的现实价值不是用生产者的个别劳动时间来计量，而是用生产商品所必需的社会必要劳动时间来衡量。因此，

图解资本论

采用新方法的个别资本家在出售商品时，就不仅可以获得剩余价值，还可以获得超额剩余价值。

超额剩余价值实质上属于相对剩余价值的生产，因为剩余价值生产的增加也是靠缩短必要劳动时间，相应延长剩余劳动来实现的。

假定必要劳动时间是 10 小时，剩余劳动时间是 2 小时，劳动力的日价值等于 3 元。如果采用新的生产方式，12 小时可生产 24 件商品，价值 24 元，其中 12 元用来补偿消耗掉的生产资料即不变资本，其余 12 元是工人创造的新价值，即 1 小时创造 1 元的新价值。因为劳动力价值等于 3 元，所以，工人劳动 3 小时就可以补偿 3 元的可变资本，剩余的 9 小时就是剩余劳动，这时，剩余价值率＝剩余劳动时间 ÷ 必要劳动时间。即 9 小时 ÷ 3 小时 =300%。

如果其他资本家在 12 小时内只能生产 12 件商品，也就是用 12 元只

英国北部纽卡斯尔船坞，展现了该地区旺盛的工业活动。

能创造 6 元的新价值，即 2 小时创造 1 元的新价值。那么，工人必须劳动 6 小时才能补偿 3 元的可变资本，剩余的 6 小时是剩余劳动。这时，剩余价值率为 6 小时 ÷6 小时 =100%。

可见采用新生产方式的资本家，提高了生产力，可以在工人的一个工作日中占有比同行业的其他资本家更多的剩余劳动时间。个别资本家所做的，就是所有资本家在生产相对剩余价值时所追求的。当新的生产方式被普遍采用，生产出来的商品个别价值同它的社会价值之间的差额消失的时候，这个超额剩余价值也就消失了。随着社会生产力的普遍提高，劳动力的价值必然下降，资本家也将获得更多的相对剩余价值。资本家永无止境的贪欲促使他们狂热地追求超额剩余价值。

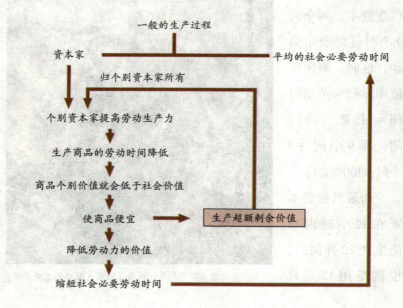

价值由劳动时间决定的这个规律会使采用新方法的资本家意识到，要获得超额剩余价值，必须在出售商品时使自己的商品价值低于商品的社会价值。这个规律又会作为竞争的强制规律，迫使其他的竞争者也必须采用新的生产方式。因此，只有当劳动生产力的提高扩展到必要生活资料部门，从而使构成劳动力价值要素的商品便宜时，一般剩余价值率才会最终受到这一整个过程的影响。

由上面的分析，我们得出：

1. 商品的价值与劳动生产力成反比。劳动生产力水平越高，单个商品所占有的劳动时间就越少，商品的价值也就越小。

2. 劳动力的价值与劳动生产力成反比。劳动力的价值是由商品（工人的生活资料）价值决定的。因此劳动力的价值与商品价值同步。

3. 相对剩余价值与劳动生产力成正比。生产力提高，在单个商品上所用的时间小于社会必要劳动时间，相对剩余价值随之而提高。同理，相对剩余价值也随着生产力下降而下降。在货币价值不变的情况下，一个 12 小时社会平均工作日总是生产价值 6 元的产品，不管这个价值额怎样分割为劳动力价值的等价物和剩余价值。但是，如果由于生产力的提高，每天的生活资料价值以及劳动力的日价值从 5 元下降到 3 元，那么剩余价值就会从 1 元上涨到 3 元。与此同时，再生产劳动力的价值，就会由从前需要的 10 个劳动小时，减少为现在的 6 个劳动小时，这样，这多出来的 4 个劳动小时就并入了剩余劳动的范围。因此，通过提高劳动生产率来使商品便宜，从而使工人本身便宜，是资本内在的冲动和经常的趋势。

生产商品的资本家并不关心商品的绝对价值本身，他关心的只是凝结在商品中的、出售时才实现的剩余价值。剩余价值的实现，本身就包含着对预付价值的补偿，因为，相对剩余价值的增加和劳动生产力的发展成正比，商品价值的降低和劳动生产力的发展成反比。也就是说，同一过程既使商品便宜，又使凝结在商品中的剩余价值提高。这就揭开了这样一个谜团：为什么只关心生产交换价值的资本家，总是力求降低商品的交换价值。

在劳动生产力提高的条件下，工人在 1 小时内会生产出相当于过去 10 倍的商品，从而生产每件商品的劳动时间也只是他过去劳动时间的 1/10。但是，这却改变不了他仍旧要劳动 12 小时的状况。在生产力提高的情况下，工人要在 12 小时内生产 120 件商品，而不是以前的 12 件商品。甚至，工人的工作日还可能延长，如果工人的工作日延长 2 小时，那么，他就要在 14 小时内生产 140 件商品。

可见，在资本主义生产条件下，资本家通过提高劳动生产率来减少劳动，其目的不是为了缩短整个工作日，而是为了缩短生产商品的必要劳动时间，延长剩余劳动时间，以便榨取更多的相对剩余价值。

劳动生产力提高，随之而来的就是劳动生产率的提高。我们可以从日本丰田汽车公司的成长历程，了解到提高生产力对资本家的重大意义。

丰田公司在1937年成立的时候，是个年产量只有4 000辆的手工作坊式的工厂。当时整个日本汽车市场都是美国的通用和福特的天下。尤其是在1949年，日本转入战后经济恢复期，丰田更面临着极大的生存危机，当时日本汽车业的劳动生产力低下，生产率还不到美国的1/9。丰田生产方式的创始人认为，并不是美国人付出了日本人9倍的体力，而是日本人在生产中存在严重不合理现象，只要消除了这些现象，劳动生产率就会马上提高10倍。到了1982年，与美国通用汽车相比，劳动生产率的比例完全颠倒过来了，这一年，通用人均生产6辆汽车，而丰田却达到了55辆；通用汽车是人均利润是1 400美元，而丰田汽车人均利润是14 000美元。现在的丰田继续保持着良好的发展势头，2006年的盈余高达140亿美元，比美国三大汽车公司赢利总和还高。

> 关键词：绝对剩余价值　相对剩余价值　超额剩余价值

劳动力价格和剩余价值量的变化

劳动力是工人产生的，那么它的价值就由工人所必需的生活资料的平均价值决定。虽然这些生活资料在形式上可能有变化，但在一定的社会时代，它们的量是不变的，变化的只是这个量的价值，即工人需要付出多少劳动，才能得到自身所必需的生活资料。当然，工人付出的劳动的价值实际上应比生活资料的价值多。

剩余价值生产体现着雇佣劳动和资本的对立关系，这个关系的量的表现就是劳动力价格和剩余价值量的对比。我们假定商品按其价值出售，同时劳动力的价格不低于它的价值。那么，劳动力价格和剩余价值的相对量变化，取决于3个因素：工作日的长度、正常的劳动强度、劳动生产力。这3个因素可以有各种各样的组合，每一种组合又可能有不同的变化规律。以下分析几种最主要的组合及其变化规律。

第一种组合：工作日的长度和劳动强度不变（已定），劳动生产力可变。劳动力价值和剩余价值量的变化由3个规律决定：

1. 不管劳动生产率如何变化，也不管产品量和单个商品的价格如何变化，一定长度的工作日总表现为相同的价值产品。即一定长度的工作日所生产的产品价值总量与劳动生产率的变化无关。例如，一个 12 小时的工作日可生产 6 件商品，每件商品价值 1 元，总价值为 6 元。如果提高劳动生产率，12 小时可生产 12 件商品，每件商品价值下降为 0.5 元，这样，总价值仍为 6 元。

2. 劳动生产力与劳动力价值成反比，与剩余价值成正比。即劳动生产力提高，劳动力价值下降，剩余价值提高；劳动生产力下降，劳动力价值提高，剩余价值下降。

3. 在工作日长度已定和新创造的价值不变的情况下，劳动力价值的增加或减少决定剩余价值的减少或增加，即在劳动力价值和剩余价值的反向变化中，劳动力价值起着决定性的作用。

以上 3 个规律表明，不管劳动生产力如何变化，工人在一定劳动时间内只能创造一定的价值量。一旦劳动生产力变化，必将引起劳动力价值的变化，从而使剩余价值量相应发生变化。因此，劳动力价值的变化是剩余价值量变化的根本原因。

◎ 当就业变得相当困难时，虽然工厂里的工作十分辛苦，也要靠不断的努力才能得到。

第二种组合：工作日和劳动生产率不变，劳动强度可变。

提高劳动强度，就会增大劳动消耗。因此，在相同时间内，劳动强度较大的工作日会比劳动强度较小的工作日提供更多的产品。在工作日长度相同的条件下，提高劳动强度和提高劳动生产率都能增加产品数量。

提高劳动生产率，就会减少在一定时间内生产商品所耗费的劳动时间，那么，随着产品数量的增加，产品的价格就会下降。而提高劳动强度，在一定时间内生产的产品要比过去耗费更多的劳动，因此，产品的数量增加了，但它的价格却没有下降。就是说，在工作日长度不变的情况下，提高劳动强度，就能生产更多的产品，在货币价值不变的情况下，也就能获取更多的货币。

商品的价值量是由生产产品所必需的社会必要劳动时间来决定的，而平均的劳动强度，是决定社会必要劳动时间的一个重要因素。在工作日长度不变的情况下，生产的产品价值会随着工作日的劳动强度的变化而变化。因此，同一个工作日的产品价值，就由不变量变成了可变量。而这个产品价值的两个部分，即劳动力价值部分和剩余价值部分，则可以根据劳动强度的增减，以相同的或不同的程度增减。但是，劳动力价格的提高并不是一定要超过它的价值。与此相反，当劳动力价格的提高不能补偿因劳动强度的提高而使劳动力加速消耗时，劳动力价格还可能降低到劳动力的价值以下。

第三种组合：劳动生产力和劳动强度不变，工作日可变。

1. 缩短工作日：假定劳动生产力和劳动强度不变，缩短工作日不会使劳动力价值和必要劳动时间发生变化，但它会使剩余价值的绝对量和相对量下降。资本家为了避免损失，只有把劳动力价格压低到它的价值以下。因此，资本家会用各种借口反对缩短工作日。但是，我们是以劳动生产力和劳动强度不变为前提的，实际上，在资本主义社会，每当在工作日缩短以前或以后，劳动生产力和劳动强度总会发生变化。

2. 延长工作日：如果劳动力价格不变，延长工作日就会增加剩余价值的绝对量和相对量。虽然劳动力价值的绝对量没有变化，但劳动力价值的相对量却降低了。

随着工作日的延长，劳动力的价格尽管能保持不变甚至还稍有提高，但它还是可能降到劳动力的价值以下。因为，劳动力的日价值是根据劳动者的平均寿命来计算的。劳动力的消耗不能超过一定的限度，在这个限度内，如果劳动力的消耗增加，可以用增多的报酬来补偿。但是，如果超过这个限度，就不可能用任何报酬来补偿了。所以，延长工作日将会加重对劳动者的剥削。

第四种组合：劳动的持续时间、劳动生产力和劳动强度同时变化。

前面 3 种组合都是假定 3 个因素中两个不变，其中一个因素变化而产生的情况。第四种组合综合分析 3 个因素同时变化所出现的情况。下面只简单地谈谈两种重要的情况。

1.降低劳动生产力，延长工作日。

劳动生产力的降低，是指那些产品决定劳动力价值的劳动部门，由于产品价格上涨而使劳动力的价值提高，从而引起劳动生产力的降低。

例如，一个工作日是12小时，它的价值产品为6元，其中3元补偿劳动力的价值，另3元形成剩余价值，12小时工作日分为6小时必要劳动和6小时剩余劳动。假定由于产品的涨价，劳动力的价值由3元提高到4元，那么，必要劳动时间也应该由6小时增加到8小时。而剩余劳动就会从6小时减少到4小时，剩余价值也就相应地从3元降低到2元。如果把剩余劳动延长2小时，即把工作日从12小时延长到14小时，那么，剩余劳动还是6小时，剩余价值仍然是3元，但是剩余价值量同劳动力价值相比却下降了。如果把工作日从12小时延长到16小时，那么，无论是剩余价值和劳动力价值的比例量，还是剩余劳动和必要劳动的比例量都不会改变，只是剩余价值却由3元增加到4元，剩余劳动也由6个劳动小时增加到8个劳动小时。

工作日	产品价值		劳动时间		剩余率
	补偿劳动力	剩余价值	必要劳动	剩余劳动	
12 小时	3 元	3 元	6 小时	6 小时	100%
14 小时	4 元	3 元	8 小时	6 小时	75%
16 小时	4 元	4 元	8 小时	8 小时	100%

图解资本论

◎19世纪早期英国煤矿使用蒸汽机的情景，工业革命的成果促进了英国经济的发展。

　　因此，在劳动生产力降低的同时延长工作日，即使剩余价值的比例量降低，它的绝对量仍可保持不变；即使剩余价值的绝对量增加，它的比例量仍可保持不变。如果把工作日延长到一定的程度，剩余价值的比例量和绝对量都可能增加。

　　2. 提高劳动生产率和劳动强度，缩短工作日。

　　劳动强度的增加和劳动生产力的提高，都会在一定时间内使生产的产品总额增加。因此，它们都能缩短工人生产自己的生活资料所必需的工作日部分。工作日的绝对最低界限，总是由工作日中这个必要的但能缩减的部分形成。但是，如果把整个工作日缩小到这个必要的部分，那么剩余劳动就消失了，资本主义也就不复存在了。所以，在资本主义制度下，这种情况是不会发生的。只有消灭了资本主义生产方式，才可能把工作日限制在必要劳动上，但在那时，必要劳动将会扩大自己的范围：一方面，因为工人的物质文化生活日益丰富，生活需求也日益增长。另一方面，随着社会的发展，剩余劳动中的一部分将会列入必要劳动，也就是说，这种必要劳动是为社会创造社会准备基金和社会积累基金。

资本家用尽各种方法，提高的就是剩余价值率。剩余价值率越高，资本家得到的就越多。

关键词：工作日长度　劳动强度　劳动生产率

图解资本论

第四章

资本的积累

第一节
资本和收入

　　资本家剥削了工人的剩余价值，可以将其投入到再生产中，从而得到更多的剩余价值。但是，资本家也不是机器人，如果把剥削得来的剩余价值都用于再生产，那他吃什么？喝什么？玩什么？

　　资本家可绝不会委屈自己，事实上，剩余价值不仅仅是消费基金，也不仅仅是积累基金，而是二者兼而有之。剩余价值中的一部分由资本家作为个人收入而消费掉，另一部分则被作为资本积累起来。在一定量的剩余价值中，其中的一部分越大，另一部分就越小。在其他条件不变的情况下，消费基金和积累基金分割的比例决定着资本积累的数量。但这种分割是由剩余价值的所有者——资本家来控制的。因此，这是资本家的个人意志。至于资本家在他所征收的剩余产品中所积累的那一部分，按资本家的说法，是他"节约"下来的，因为他没有把所有的剩余价值都吃光用尽。就是说，作为资本家，他执行了自己的职能，即致富的职能。资本家只有作为人格化的资本，才具有历史的价值，也只有这样，资本家个人生产的必然性才包含在资本主义生产方式的必然性中。因此，资本家的动机，也就不是使用价值和享受，而是交换价值和交换价值增殖。资本家狂热地追求价值的增殖，肆无忌惮地迫使工人为生产而生产。也只有这样的条件，才能为一个更高级的、以个人全面而自由的发展为基本原则的社会形式奠定现实基础。

资本家只是作为资本的人格化才受到尊敬。作为资本的人格化，资本家同守财奴一样，具有强烈的致富欲望。不过，守财奴的致富欲望表现为个人狂热地贮藏更多的货币，而资本家的致富欲望则在社会机构中起着主动轮的作用。正是这个主动轮，推动资本家去追求更多的剩余价值，进行更多的资本积累。另外，资本主义生产的发展，使投入工业企业的资本有不断增长的必要，而竞争使资本主义生产方式的经济规律以强行的方式支配着每一个资本家。为了避免在竞争中被淘汰，资本家只有不断地扩大自己的资本，而扩大资本的办法只能靠不断地积累。所以，就资本家的一切行动都是通过

◎这幅壁画反映了在不平等的资本主义社会里，穷人更穷，富人更富，许多人没有社会保险，无家可归，而富人却花越来越多的钱消费那些华而不实的东西。

资本的职能而言，资本家的私人消费也就成了对他的资本积累的掠夺。积累是对财富世界的征服。资本家只有拼命地积累，不断地扩大被剥削的工人人数，才能扩大其直接或间接统治。

在资本主义社会，原罪到处发生作用。随着资本主义生产方式、积累和财富的发展，资本家不再仅仅是资本的化身。资本家既要积累，也要享受。在资本主义生产方式的历史初期，资本家的致富欲和贪欲是作为绝对的欲望占统治地位，但是，为了积累，资本家只有"节制"自己的享受欲，每个资本主义的暴发户都不同程度地经过这个历史阶段。但随着资本主义生产的进步和资本剥削范围的扩大，随着投机和信用事业的发展，资本不仅创立了一个新的享乐世界，还开辟了千百个突然致富的途径。在这个发展阶段上，挥霍财富已经习以为常，并作为炫耀富有从而取得信贷的一种手段，甚至成了资本家营业上的一种必要，奢侈也被列入了资本的交际费用。

资本家财富的增长，不像货币贮藏者那样同自己的个人消费和节约成比例，而是同他榨取工人剩余劳动的多少和迫使工人放弃一切生活享受的程度成比例。因此，尽管资本家的挥霍不像放荡的封建地主的挥霍那样直截了当，但在资本家的挥霍背后总是隐藏着最肮脏的贪欲和最"精明"的盘算。由于资本主义生产的发展和财富的不断增长，在资本家进行挥霍的同时，积累也在增加，这就避免了挥霍和积累的冲突，一方绝不会妨害另一方。

美国作家罗伯特·弗兰克在他的新书《富豪之地：美国财富

暴增与新富豪生活之旅》中指出，"美国现已成为生产百万富翁的世界领袖"。目前在美国，身家100万～1000万美元的共有750万户，家财1000万～1亿美元的有200万户，另有数以千计超级富豪更拥有1亿～10亿美元的财产。在2004年，这些美国百万富翁共拥有30万亿美元财富，比中国、日本、巴西、俄罗斯和全欧洲的国内生产总值加起来还要多。对于这些新贵富豪来说，香车、美女、游艇、豪宅当然是他们字典里不可或缺的字眼。弗兰克在书中介绍，游艇商从这些美国新贵那里接订单都接到手软，若将订造的所有游艇连起来，足有24公里长。除此之外，经营富豪圈、加入高档俱乐部，也不失为富豪们彰显身份、结交朋友的好办法。这些超级富豪们可以在俱乐部找到背景相似的人，一起谈论如何投资以及怎样处理自己庞大家产等问题。

威尼斯瓷器镶楼梯

63岁的曼哈顿富豪巴齐内，靠售卖陶器小饰物赚1亿美元，是曼哈顿最大手花钱的富翁之一。巴齐内的5层豪宅内有一道旋转楼梯，竟然全部镶有人手雕刻的威尼斯瓷器，尽显主人的奢侈浮华。不过巴齐内似乎对这座豪宅仍不满意，打算搬进更大更阔的住宅。另外，巴齐内养的两只宠物猫也堪称无价宝，这两只名叫尼科拉斯和内森的小家伙来头不小，属于极其珍稀的欧西猫种，样子看上去就像两只小豹子。

女友每年10万脂粉费

55岁的顾问界大腕乔治·克卢切，身家多达6000万美元，他每年都要在佛罗里达的富人聚居地棕榈滩优哉游哉地度假。仅是女友的衣服和珠宝两项，克卢切每年就要花 10 万美元。

豪宅如酒店，佣仆上百人

木材和地产大亨提姆·布利克斯塞思拥有两部价值 32 万美元的顶级劳斯莱斯豪华房车。布利克斯塞思的豪宅则俨如酒店度假村，其中连客房都建成独立别墅，整整 10 栋。另外还有超大型的地下舞厅，后院配有私人高尔夫球场，豪宅前的喷水池仿照拉斯维加斯 Bellagio 赌场的喷水池建成，而长长的车道用的是法国香榭丽舍大道同款的街灯。布利克斯塞思雇用了 105 人为自己专门打理豪宅庭院，饮食起居，其中厨师就请了 10 个。豪宅里使用的毛巾、浴袍以及职员制服上都印上专属于布利克斯塞思的标志。

弗兰克在书中写道，据专为富豪定制马桶的埃利克·罗什透露，他就曾经接到一个订单，要求其将马桶坐垫用美洲鳄鱼皮制作，结果罗什真的将两块鳄鱼皮缝在一起做成坐垫，花掉 5 000 美元。弗兰克还参观过一个面积约为 40 平方米的巨型衣帽间，主人居然给衣帽间安装上了干洗店式的传输带，以便她可以存放数不清的晚装，并可方便快捷地找到想穿的衣服。亿元富豪俱乐部的门槛通常高得吓人，比如曼哈顿私人俱乐部就只考虑身家在 1 亿美元以上的人物。

英国古典经济学家亚当·斯密曾经说过："勤劳提供物资，而节俭把它积累起来。"所谓节俭，就是把尽可能多的剩余价值或

图解资本论

剩余产品重新转化为资本。为积累而积累，为生产而生产，这是古典经济学为资本主义生产列定的公式，这个公式表达了资产阶级时期的历史使命。在古典经济学看来，无产者不过是生产剩余价值的机器，而资本家则是把这剩余价值转化为追加资本的机器。古典经济学对待资本家的历史职能非常严肃，就是为了使资本家的内心摆脱挥霍和积累的冲突。

英国古典政治经济学的代表李嘉图认为，为了让工人更勤勉地劳动，必须尽可能地把工人的工资减到最低限度。他们直言不讳地说，生财之道就在于占有更多的无酬劳动。

决定剩余价值积累量的几种情况：

第一，如果剩余价值中资本和收入的比例已定，那么，资本的积累量就取决于剩余价值的绝对量。

假定剩余价值中80％作为资本，其余的20％被消费掉，那么，积累的资本的数额，就取决于剩余价值的总额是多少。也就是说，决定剩余价值量的那些因素，同时也影响着资本积累的数量。我们知道，剩余价值率首先取决于劳动力的剥削程度。政治经济学非常重视剥削程度的这种作用，以至于有时把因提高劳动生产率而形成的积累的加速，与因对工人的剥削程度加重而形成的积累的加速等同起来。在论述剩余价值生产的时候，我们是假定工资与劳动力的价值相等。但是，把工资强行压低到劳动力的价值以下，这在资本的运动中有着极为重要的作用。在一定限度内，把工资强行压低到劳动力的价值以下，实际上是把工人的必

🔴李嘉图认为使用价值是交换价值的前提，虽然修建铁路及火车的建造需要投入很多，但由于其巨大的实用性，铁路系统不断扩展。图为 1862 年伦敦火车站拥挤的人群。

要消费基金转化为资本的积累基金。

那么，直接掠夺工人生活必需的消费基金，对于剩余价值的形成，以及资本的积累基金的形成，究竟起着一种什么样的作用呢？

在前面我们已经说过，在所有的工业企业中，由劳动资料构成的那一部分不变资本，必须足够供一定数量的工人使用，不过，这一部分不变资本可以不按它所使用的劳动量比例增加。我们假设某工厂有 100 个工人，每个工人一天劳动 8 小时，100 个工人一天就劳动 800 个小时。如果资本家想把这 800 个劳动小时

图解资本论

再增加一半，他可以再雇用 50 个工人，但这样一来，他不仅要在工资上增加新的预付资本，而且还要在劳动资料上增加新的预付资本。如果他把原有的 100 个工人的劳动时间由 8 小时延长到 12 小时，那么，他现有的劳动资料就足够使用了，只是损耗得快一些罢了。由此可见，提高劳动力的紧张程度而获得的追加劳动，即使没有相应增加它的不变资本部分，也可以增加剩余产品和剩余价值，即可以增加积累的实体。

在采掘工业中，例如采矿，其原料不是预付资本的组成部分，它的劳动对象也不是过去劳动的产品，如金属矿石、矿物、煤炭、石头等都是由大自然无偿赠予的。在这里，不变资本几乎全部由劳动资料组成，因此，它们可以很容易地容纳增加了的劳动量，比如工人日夜换班。在其他条件相同的情况下，产品数量和价值的增加与它所使用的劳动成正比。在这里，形成产品的原始要素，也就是形成资本物质成分的要素——人和自然是同时起作用的。由于劳动力具有伸缩性，因此，即使事先没有增加不变资本，积累的领域也能扩大。

在农业中，如果不事先预付追加种子和肥料，就不可能扩大耕地。但是，一旦预付了追加的种子和肥料，只要原有数量的工人付出的劳动量比以前更多，更好地做好庄稼的管理工作，也会对产量的提高产生奇迹般的作用。那么，即使不预付新的劳动资料，也可以提高产量，获得更多剩余价值。这就是人对自然的直接作用。这种作用即使没有新资本的介入，也会成为扩大积累的直接源泉。

在具有真正意义的工业中，任何追加的劳动消耗都要求相应的追加原料的消耗，但不一定要追加劳动资料的消耗。因为，采掘工业和农业为加工工业提供了它本身需要的原料和劳动资料，所以，采掘工业和农业不需要追加资本就能生产追加产品，这对加工工业是非常有利的。总的结论是：资本一旦合并形成财富的两个原始要素，即劳动力和土地后，它便获得了一种扩张的能力，这种能力可以扩展资本的积累要素，并超出由它本身大小而确定的范围，即超出体现资本存在的生产资料的价值和数量所确定的范围。

第二，社会的劳动生产率水平。

随着劳动生产力的提高，体现一定量的价值和剩余价值的产品量也会提高。在剩余价值率不变或者下降的情况下，只要剩余价值率下降的速度低于劳动生产力提高的速度，剩余产品量就会增加。单个商品的剩余价值率 = 单个商品的剩余价值 ÷ 做单个商品的可变资本（即工资）。一定的资本下产生的是多个商品，所以单位时间内产生的剩余价值是单个商品的剩余价值与单位时间内生产商品数量的乘积。生产力提高，单位时间内产生的商品数量也相应提高。因此，在剩余产品中，作为收入和追加资本部分的比例保持不变，资本家的消费就可以增加，而且，积累基金也会同比例增加。

图解资本论

$$单个商品的剩余价值率 = \frac{单个商品的剩余价值}{生产单个商品的可变资本（即工资）}$$

$$\begin{matrix}单位时间内生 \\ 产的剩余价值\end{matrix} = 单个商品的剩余价值 \times 单位时间内生产商品的数量$$

生产力提高单位时间内产生的商品数量也相应提高

剩余价值率的速度　　　　劳动生产力提高的速度

　　积累基金的相对量可以通过牺牲消费基金来增加，同时，由于商品变得便宜，资本家享用的消费并没有减少，甚至比过去还要多。但我们知道，工人变得便宜和剩余价值率的增加，是同劳动生产率的提高同时进行的，即使在实际工资提高的情况下也是如此，因为实际工资的提高从来都不会和劳动生产率的提高按同一比例增加。这样，同一可变资本价值就可以推动更多的劳动力，从而也就可以推动更多的劳动；同一不变资本价值就可以体现在更多的生产资料上，即体现在更多的劳动资料、劳动材料和辅助材料上，从而可以为产品和价值的形成提供更多的要素，或者说，可以为产品和价值的形成提供更多的劳动要素。因此，在保持追加资本的价值不变甚至降低追加资本的情况下，积累仍然可以加快。这样，不仅在物质上扩大了再生产的规模，而且剩余价值的生产也比追加资本的价值增长得更快。

　　另外，劳动生产力的发展还会对原资本或已经处于生产过程中的资本产生反作用。一部分执行职能的不变资本是由劳动资料如机器等构成的，只有经过一个较长的时期，这些劳动资料才会被消费掉。但是，随着生产这些劳动资料的生产力的不断发展，那些旧的机器、工具、器具等就会被效率更高的、价格更便宜的所代替。撇开现有劳动资料在细节上不断改进不说，旧的资本也会以生产效率更高的形式被再生产出来，而不变资本的另外一部分（即原料和辅助材料）也会在一年当中被不断地再生产出来。因此，每采用一次改良方法，都会对追加资本和已在执行职能的资本同时产生影响。

举个例子说明：做木梳用的车床买时价格是 4000 元 / 台。但是，生产车床的工厂生产力提高，价格下降，现在是 2000 元 / 台。继续使用原来的车床，转入到单个商品中的价值就是新产车床的2 倍。这就导致生产成本的提高，商品的市场竞争力下降。

化学上的每一个进步不仅能增加有用物质的数量和已知物质的用途，随着资本的增加和投资领域的扩大，它还可以教会人们如何把生产过程和消费过程中的废料重新投回到再生产过程的循环中去。这样，不需要预先支出资本，就可以创造出新的资本材料。就像只要提高劳动力的紧张程度，就可以加强对自然财富的利用一样，科学技术使执行职能的资本具有一种不以它的意志为转移的扩张能力。同时，这种扩张能力对原资本中已进入更新阶段的那一部分资本也会发生反作用。资本的新形式无代价地合并了它的旧形式，从而实现了一种社会的进步。但是，这种生产力的发展同时会使正在执行职能的资本部分贬值，只要这种贬值通

图解资本论

过竞争被资本家清楚地意识到后，他们会以各种名义将其悄悄地转移到工人身上，资本家总是力图用加强对工人剥削的办法来弥补自己的损失。

劳动一方面把它所消费的生产资料的价值转移到产品上去，另一方面，一定量的劳动所推动的生产资料的价值和数量是同劳动生产效率的提高成比例地增加的。因此，同量的劳动虽然只是给自己的产品增加同量的新价值，但是，随着劳动生产率的提高，由劳动转移到产品上的旧资本的价值仍然会增加。

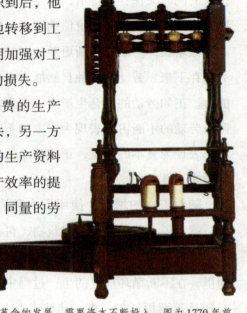

◎工业革命的发展，需要资本不断投入，图为1770年前后英国发明的水力纺织机。

恩格斯告诉我们："在1782年的英国，由于缺少工人，前三年剪下的羊毛全部都没有加工，假若不是新发明的机器帮忙，把所有的羊毛都纺出来的话，这些羊毛还得这样搁下去。"在机器生产中，物化劳动虽然没有直接创造出任何一个人，但它使为数不多的工人通过追加相对少的活劳动，就能不仅可以把羊毛消费掉并加进新的价值，而且还能以毛纱的形式保存它的旧价值。同时，它还为羊毛的扩大再生产提供了必要的刺激手段。在创造新价值的同时又保存旧价值，这是活劳动的自然恩惠。随着劳动生产资料的效能、规模和价值的增长，随着劳动生产力的发展而形成积累增长，劳动在不断更新的形式中把不断膨胀的资本价值永久保存下来。劳动的这种自然能力表现为资本所固有的自我保存能力。正如劳动的社会生产力表现为资本的属性一样，资本家对剩余劳动的不断占有表现为资本的不断自行增殖。劳动的一切力量都表现为资本的力量，正如商品价值的一切形式都显现为货币的形式一样。

随着资本的增长，使用资本和消费资本之间的差额也在增大。就是说，劳动资料如建筑物、机器、排水管，以及各种器具的价值量和物质量都会增加，这些劳动资料在一个或长或短的时期里，在不断循环反复的生产过程中，为达到某种效果，它们本身却是逐渐损耗的，即一点点儿地把自己的价值转移到产品中去。如果劳动资料只是作为产品形成要素发生作用而不把价值加到产品中去，也就是说，如果劳动资料是整个被使用而只是部分地被消费，那么，它们就像我们在上面说过的自然力如水、蒸汽、空气、电力等那样，为资本提供无偿的服务。这种无偿服务，会随着积累规模的扩大被积累起来。

在劳动力的剥削程度已定的情况下，同一资本所创造的剩余价值量就取决于被剥削的工人人数，而工人人数和资本的量是相适应的，虽然它们的比例是变动的。资本由于连续积累增加得越多，分为消费基金和积累基金的价值额也就越多。所以，资本家

图解资本论

既能使生活过得更优裕，又能更加"禁欲"。最后，随着预付资本量的扩大，生产的规模也不断扩大，生产的全部发条也就开动得越是有力。

关键词：剩余价值　剩余价值积累

资本主义积累的一般规律

在资本的积累过程中，资本的增长对无产阶级的命运会产生非常重大的影响。资本积累不仅引起资本量的变化，而且引起资本构成上的变化。资本积累不但引起无产者在数量方面的增加，而且还造成相对过剩人口，形成产业后备军，从而使无产阶级贫困化。

资本积累对工人工资水平的影响

资本的增长将对工人阶级的命运产生非常不利的影响，产生这种影响最重要的因素就是资本的构成和它在积累过程中所起的变化。

资本的构成要从双重的意义上来理解。从价值方面来看，资本的构成是由资本分为不变资本和可变资本的比率（分为生产资料的价值和劳动力的价值即工资总额的比率）来决定的。从在生产过程中发挥作用的物质方面来看，每一个资本都分为生产资料和活的劳动力，这种构成是由所使用的生产资料量和为使用这些生产资料而必需的劳动量之间的比率来决定的。前一种构成叫作资本的价值构成，后一种构成叫作资本的技术构成。二者之间有密切的相互关系。为了表达这种关系，我们把由资本技术构成决定并且反映技术构成变化的资本价值构成，叫作资本的有机构成。

因此，资本主义的生产机构可以自行排除它暂时造成的障碍，劳动价格也就能够重新降到适合资本增殖需要的水平，而不管这个水平现在是低于、高于或者等于工资提高前的正常水平。

由此可见，第一种情况并不是劳动力或工人人口的绝对增加（相对增加）的减缓引起资本的过剩，相反却是资本的增长引起可供剥削的劳动力不足。第二种情况也并不是劳动力或工人人口的绝对增加（相对增加）的加速引起资本的不足，相反是资本的减少造成可供剥削的劳动力过剩，或者说使劳动力价格过高。这些资本积累的绝对运动，是可供剥削的劳动力数量的相对运动的反映，因此，从表面上看，它好像是由后者自身的运动引起的。用一句数学术语来说：积累量是自变量，工资量是因变量，工资量随积累量的变化而变化。同样，在工业周期的危机阶段，商品价格的普遍降低表现为货币相对价值的提高，而在繁荣阶段，商品价格的普遍提高则表现为货币相对价值的降低。所谓的通货学派就是从这里得出结论，他们认为物价高是因为流通的货币太多，物价低则是流通的货币太少。这种无知造成对事实的完全误解。一些经济学家可以与这些通货学派相互"媲美"，他们把上述积累的现象解释为：第一种情况是雇用工人太少，而第二种情况则是雇用工人太多。

对于所谓"自然人口规律"基础的资本主义生产规律，可以作一个这样的简单归纳：资本、积累同工资率之间的关系，不过是转化为资本的无酬劳动和为推动追加资本而必需的追加劳动之间的关系。因此，资本量和工人人口数量绝不是两个彼此独立的量，与之相反，这只是同一工人所提供的无酬劳动和有酬劳动之间的关系。如果这个由工人阶级提供而由资产阶级所积累的无酬劳动量增长得十分迅速，以至于只有大大追加有酬劳动才能转化为资本，那么工资就会提高。而在其他条件不变的情况下，无酬劳动就会相应减少。一旦这种减少达到某一点，致使滋养资本的剩余劳动不再有正常数量的供应时，反作用就会发生，即收入中作为资本的那一部分就会减少。资本家当然不允许积累削弱，他们会采取降低工资的手段来保持积累的数额。可见，劳动价格的提高被限制在一定的界限内。

被神秘化的资本主义积累规律的本质，实际上不过是绝不允许劳动剥削程度的任何降低或劳动价格的任何提高危及到资本关系的不断再生产和它的规模不断扩大的再生产。在资本主义生产方式下，不是物质财富为工人的发展需要而存在，而是工人为现有价值的增殖需要而存在。

资本积累与相对过剩人口

资本积累最初只是表现为量的增加，但随着积累的不断扩大，资本构成也不断提高。资本构成的这种变化，是通过减少可变资本来增加不变资本而实现的。在资本主义生产方式下，随着劳动生产力的发展，资本有机构成也不断发生变化。一般说来，资本有机构成的提高要快于资本的积累和社会财富的增大。因为

图解资本论

随着科学技术的进步，不变资本和可变资本的比例会发生变化。社会对劳动力的需求，不是由总资本的大小决定，而是由可变资本的大小决定。这样，可变资本就会随着总资本的增长而递减，与此相适应，社会对劳动力的需求也必然相对地减少。当然，随着总资本的扩大，劳动力的绝对量也会增加，但增加的比例会越来越小。可是，可变资本随着总资本的增长而相对减少，并且可变资本降低的速度总是快于总资本增长的速度，在资本主义社会

却表现为一种相反的现象，好像工人人口的增长总是快于工人就业手段的增长。事实上，资本积累按其能力和规模总是不断地生产出相对过剩人口。

从社会总资本的角度来考察，资本积累运动是周期性变化的。在某些生产部门，由于单纯的集中，尽管资本的构成发生变化，但资本的绝对量没有增加，那么，这些部门对劳动力

◎工人排队领取救济金。

的需求就会绝对减少。有些生产部门，资本的绝对增长同劳动力的绝对减少同时并存，还有一些生产部门，资本时而在原来的构成上持续增长并按其比例来追加劳动力，时而又改变它的构成，并以此来排斥工人。但是，不管什么生产部门，可变资本的增长以及就业工人人数的增长，总是同过剩人口的形成与变化结合在一起的。随着资本积累的增长，生产规模的扩大和工人人数的增加，以及资本主义社会劳动生产力的发展和社会财富的增长，资本对工人既吸引又排斥的规模也不断扩大，资本有机构成的提高和资本技术构成的变化速度也将加快，那些时而同时、时而交替卷入这些变化的生产部门的数量也会不断增加。因此，工人在生产出资本积累的同时，还以日益扩大的规模生产出使自己成为相对过剩人口的手段。所以，资本积累的规律，就是相对过剩的人口规律。

　　相对过剩人口是资本积累或资本主义财富发展的必然产物，同时，这种相对过剩人口又反过来成为资本积累的杠杆，成为资本主义生产方式存在的一个条件。因为，相对过剩人口形成了一支可供支配的后备大军，它绝对地隶属于资本。过剩人口不受人口实际增长的限制，它将为不断变化的资本增殖需要创造出更多可供剥削的雇佣劳动者。另外，相对过剩人口的存在将对资本主义生产方式产生极为重要的影响。一方面，相对过剩人口的存在会对在业工人造成极大的压力，迫使在业工人不得不过度劳动和忍受资本家的摆布。另一方面，一部分工人从事过度的劳动会迫

图解资本论

使另一部分工人无事可做，反过来，一部分工人无事可做又迫使另一部分工人过度劳动。所以，相对过剩人口的存在，成了各个资本家致富的手段，同时又按照与扩大资本积累相适应的规模加速了产业后备军的生产。

相对过剩人口的存在形式是多种多样的，半失业和全失业的工人都属于相对过剩人口。除工业周期阶段的更替使相对过剩人口具有周期反复的形式外，通常情况下，相对过剩人口表现为3种形式：即流动形式的过剩人口、潜在形式的过剩人口和停滞形式的过剩人口。

流动形式的相对过剩人口，主要出现在现代工业的中心。在这些工业中心，无论是大工厂还是手工业工场，都只是雇用一定年龄段的工人，不符合条件的工人就只有流落街头。另外，由于资本主义生产的周期循环性，经济高涨时雇用工人，经济萧条时解雇工人。工人时而被吸收，时而被排挤，虽然从总体上看，工人就业人数是增加的，但增加的比率同生产的规模相比不断缩小，这就使过剩人口处于一种流动的状态。

潜在形式的相对过剩人口，是指那些因为农业的发展而出现的过剩人口。农业一旦被资本主义的生产方式所占领，随着资本的积累和有机构成的提高，对农业工人人口的需求就会绝对地减少，大批农业工人被排挤，这种排挤是永久性的，它不像工业的排挤那样还有被吸收的可能，被农业排挤出来的工人只能等待和准备转入城市。这种形式的过剩人口为资本家提供了一个长流不息的劳动力源泉。但它只有在工业需要劳动力时才能流入城市，所以，农业工人的工资被压到最低限度，他们总是有一只脚陷在等待救济的泥潭。

停滞形式的相对过剩人口，是现役劳动大军中的一部分。他们的就业极不规则，因此，为资本提供了一个贮存劳动力的蓄水池。这种过剩人口的主要来源是：大工业和农业的失业者、破产的手工业者、倒闭的工场手工业工人。他们的生活状况在工人阶级平均正常水平以下，其特点是劳动时间最长，工资最低。

最后，陷入最底层的相对过剩人口是需要救济的赤贫阶层，这个阶层又由三类人组成：第一类是有劳动能力但无固定职业的工人。第二类是候补劳动者，即孤儿和需要救济的贫民子女。第三类是丧失了劳动能力的无家可归者，主要有因分工而被淘汰的工人、老年人和残疾人。

总之，资本的积累，一方面使社会财富越来越集中在少数资本家手中，另一方面则使相对过剩人口大量存在，从而使创造社会财富的工人阶级陷于贫困之中，社会地位和生活状况日趋恶化。因此，社会积累的资本越大，它的增长规模也越大，从而无产阶级的绝对数量即产业后备军也就越大。由于可供支配的劳动力和资本都是因同一原因而发展起来的，所以，产业后备军的数量是和财富的数额一同增长的。但是，同现役劳动大军相比，产业后备军的数量越大，社会的相对过剩人口也就越多。工人阶级中贫苦阶层和产业后备军越大，需要社会救济的贫民也就越多，这就是资本主义积累的一般规律。

关键词：资本的价值构成　资本的技术构成　资本的有机构成

第三节
原始积累

原始积累的本质

我们已经知道了货币转化为资本，资本产生剩余价值，剩余价值又转化为新资本的资本积累过程。但是，资本积累是以剩余价值为前提，而剩余价值又以资本积累为前提，那么，资本家最初办工厂时，哪儿来的资金购买生产资料？这个问题使我们摆脱这个循环。因此，我们假定，在资本主义积累之前有一种"原始"积累，这种积累就是资本主义生产方式的最初起点。

资产阶级经济学者用类似神学"原罪"的方法，来解释资本原始积累的起源。

社会之所以出现大多数人的贫穷和少数人的富有，其原因就在于这种"原罪"。表面上资本家剥削工人被说得理所当然，但事实上，历史真实地记录了资本主义原始积累的过程中的征服、奴役、劫掠和杀戮，总之，暴力起着巨大的作用。

就像生产资料和生活资料一样，货币和商品并不是一开始就是资本。它们只有在一定的条件下才能转化为资本，转化的条件是要有两种极不相同的商品所有者互相对立又相互联系：一种是货币、生产资料和生活资料的所有者，他们要购买别人的劳动力来增殖自己的资本总额，也就是资本家。另一种是自由劳动者，也就是出卖劳动力的工人。自由劳动者有双重意义，他们既不像奴隶、农奴那样被直接当作生产资料，也不像自耕农那样拥有一定的土地作为生产资料，正相反，他们同生产资料完全分离，并因脱离生产资料而"自由了"。这自由也是表面的，如果工人不去为资本家生产剩余价值，那么工人就没有饭吃，就得饿死。

◎亚当·斯密像

英国古典主义经济学家。为积累而积累，为生产而生产，是古典经济学为资本主义生产列出的公式。

　　商品市场的这种两极分化，产生并形成了资本主义生产的基本条件，而资本关系的产生则是以劳动者同生产资料的分离为前提，资本主义生产一旦站稳脚跟，它就不只是保持这种分离，还会通过不断扩大的再生产来加大这种分离。因此，资本主义生产关系建立的过程，就是劳动者和他的劳动条件的所有权分离的过程。这个过程一方面使资本家把生产资料和生活资料转化为资本，另一方面使直接劳动者转化为雇佣工人。因此，原始积累的实质，就是劳动者和生产资料相分离的历史过程。由于这一过程发生在资本主义生产方式完全确立之前，所以叫作资本的原始积累。

　　资本主义社会的经济结构是从封建社会的经济结构中产生

的，封建社会的解体使资本主义社会的要素得到解放。

只有当自己不再束缚于土地，不再隶属于他人的时候，劳动者才能自由地支配自身。劳动者要成为劳动力的自由出卖者，必须能够把他的商品带到任何一个市场去。另外，要成为劳动力的自由出卖者，他还必须摆脱行会的控制，摆脱行会的学徒帮工制度以及对劳动的约束性规定。

生产者转化为雇佣工人的历史，一方面表现为生产者从隶属地位和行会束缚下解放出来，资产阶级历史学家只看见这一点，于是奋力鼓吹资本主义的优越性。另一方面，被解放的生产者只有在封建制度给予他们的一切生存保障和一切生产资料被剥夺之后，才能成为他们自身的出卖者。资产阶级对直接生产者、劳动者进行剥夺的历史，已被血与火的文字载入人类编年史。

劳动者处于奴役状态，是产生雇用工人的起点，也是资本家的发展过程的起点。资本家的发展过程就是这种奴役状态的形式变换，即由封建剥削变成资本主义剥削。要了解资本家的发展过程，不必追溯太远。在地中海沿岸的某些城市，虽然十四五世纪就已经稀疏地出现了资本主义生产的最初萌芽，但进入资本主义时代，则是从 16 世纪才开始的。

在原始积累的历史进程中，凡是对资产阶级的形成起过推动作用的一切变革，都是历史上划时代的事情，但首要的因素是大量的人突然被强制同自己的生存资料相分离。这些被剥夺了生存资料的人，被当作不受法律保护的无产者抛向劳动市场。对农民土地的剥夺，是资本家全部发展过程的基础。这种剥夺的历史在不同的国家带有不同的色彩，在资本主义的发展过程中，英国具有最典型的形式。

15世纪末16世纪初，资本主义生产方式的变革序幕被拉开。由于封建家臣的解散，无产者不受法律保护，他们被大量地抛向劳动市场。资产阶级为夺取王权，用暴力加速了封建家臣的解散，但王权绝不是无产者被抛向劳动市场的唯一原因。同资产阶级顽强对抗的大封建主，把农民从土地上赶走，夺去了他们的公有地，由此造成了不计其数的无产阶级。在英国，特别是弗兰德毛纺织工场手工业的繁荣，以及由毛纺织手工业的繁荣而引起的羊毛价格上涨，对把农民从土地上赶走起了直接的推动作用。大规模的封建战争消灭了旧的封建贵族，而新的封建贵族则是资产阶级时代的儿子，资产阶级时代，货币是一切权力的权力。因而，把耕地变为牧羊场就成了资产阶级的口号。

正是资本主义的制度，使人民群众处于奴隶的地位。资产阶级野蛮地掠夺人民群众的土地，把失去土地的人转化为雇工，从而将他们的劳动资料转化为资本。

18世纪，社会有了很大的进步，但法律本身却成了掠夺人民土地的工具。大租地农场主利用议会形式制定的"公有地圈围法"，是以法律的形式把掠夺人民土地的行为合法化。对国有土地的肆意掠夺，特别是对公有土地的巧取豪夺，促使大租地农场在18世纪不断地增长，大租地农场主迫使农村居民变成无产阶级，从土地上"游离"出来投向工业。

但是，对于资产阶级掠夺人民土地的各种手段和行为，当时的人不可能清楚地意识到国民财富和人民贫困是同一回事。因此，在当时的经济著作中，就有许多关于"公有地的圈围"的论战，这些论战十分激烈。

资产阶级掠夺教会地产，欺骗性地盗窃国有土地，盗窃公共用地，用残暴的手段把封建财产变为现代私有财产，这就是资本主义原始积累的各种"田园诗式"的方法。这些方法为资本主义农业夺得了地盘，并将土地与资本合并，从而为城市工业提供了大量的不受法律保护的无产阶级。

关键词：原罪 "公有地圈围法"

资本主义积累的历史趋势

资本的原始积累不是奴隶和农奴直接转化为雇佣工人，也不是简单的形式变换。资本的原始积累意味着直接生产者被剥夺，也就是以自己劳动为基础的私有制的解体。

私有制与集体所有制相对立，只有在生产资料属于私人的地方才存在。但是私有制的性质，却根据这些私人是劳动者还是非劳动者而有所不同。劳动者的生产资料私有制是小生产的基础，而小生产又是发展社会生产和劳动者自由个性的必要条件。当

图 解 资 本 论

然，这种生产方式在奴隶社会和农奴制度中就已经存在，但当时只能是处于从属地位。直到封建社会末期，劳动者获得生产资料的所有权后，它才到充分发展，并显示出全部的力量，从而获得适当的典型的形式。

小生产是以土地及其他生产资料的分散为前提的，小生产既排斥生产资料的积聚，也排斥协作，它还排斥分工和社会生产力的自由发展。所以，当它发展到一定程度，就会创造出消灭它自身的物质手段。随着社会生产力的发展，小生产的生产方式最终要被消灭。随着这种生产方式的消灭，个人的、分散的生产资料转化为社会的、积聚的生产资料，多数人的小财产转化为少数人的大财产。最后，以雇佣劳动为基础的资本主义私有制代替了以个体劳动为基础的私有制。

资本主义生产方式一旦确立起来，劳动将进一步社会化，土地和其他生产资料进一步转化为社会使用的公共生产资料。因此，对私有者的进一步剥夺，就会采取另一种方式，也就是说，现在要剥夺的已经不再是单独的个体劳动者，而是剥削许多工人的资本家了。

这种剥夺首先是通过资本主义生产关系的内在规律作用，也就是通过资本集中来进行的。在激烈的竞争中，大资本家不断打垮、并吞中小资本家。随着这种集中和资本家之间的相互剥夺，规模不断扩大的劳动过程协作日益发展，科学技术日益自觉地应用于生产，生产资料日益转化为只能共同使用的生产资料，资本主义制度日益国际化而形成世界市场。随着那些掠夺和垄断社会财富的资本巨头的不断减少，随着工人阶级的贫困和受剥削压迫的程度不断加深，日益壮大的工人阶级的反抗力量也不断增长。资本的垄断成了在这种垄断之下繁盛起来的生产方式的桎梏。生产资料的集中和劳动的社会化，已经达到了同它们的资本主义外壳不能相容的地步。于是，这个外壳就要炸毁了，资本主义私有制的丧钟就要敲响了。

由资本主义生产方式发展而来的资本主义占有方式，即资本主义的私有制，是对以个人劳动为基础的私有制的第一个否定。而资本主义生产的必然性，又造成了对自身的否定，这是否定的否定。但这种否定不是要重新建立私有制，而是在资本主义现有成就的基础上，也就是说，在协作和对生产资料的共同占有的基础上重新建立个人所有制。

以个人劳动为基础的、分散的私有制转化为资本主义私有制，同事实上已经以社会生产为基础的资本主义所有制转化为公有制比较起来，自然是一个长久得多、艰苦得多、困难得多的过程。资本主义私有制是少数掠夺者剥夺人民群众，而公有制则不然。

因此，资本主义积累的历史趋势，就是资本主义必然灭亡。

关键词：资本的原始积累

第五章

资本形态和资本周转

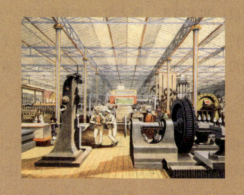

货币资本的循环

资本的运动实现了资本的增殖，但是资本并不是运动一次后就谢幕，不再参加下一次的资本增殖了。就像地球自转给我们带来了白天黑夜一样，资本循环是资本运动最简单、最基本的形式。

资本的循环过程要经过 3 个阶段：

第一阶段：购买阶段。资本家用货币购买生产资料和劳动力，即他的货币转化为商品，或者说，完成 G—W 这个流通行为。

第二阶段：生产阶段。资本家用购买的生产资料和劳动力从事生产消费，他的资本完成生产过程。结果产生了一种包含剩余价值的商品。

第三阶段：售卖阶段。资本家作为卖者回到市场，出售他的商品，实现剩余价值。或者说，完成 W′—G′ 这个流通行为。

货币资本的循环过程，可用 G—W…P…W′—G′ 的公式来表示。在这个公式中，虚线表示流通过程的中断，P 表示生产过程，W′ 和 G′ 表示增加了剩余价值的商品和货币。

在现实中，商品的生产买卖过程有着复杂的变化，为了更好地理解每一环节，我们只能把其他的环节假设成不变量。所以，在这里面，我们假设资本家购买的生产资料、出售的商品是按照

图解资本论

它们的价值出售的，而且假定这种出售是在不变的情况下进行的，并把在循环过程中可能发生的价值变动撇开不说。

第一阶段 G—W

G—W 表示一定数量的货币转化为一定数量的商品。在这一阶段，买方是把货币转化为资本，而卖方则是把商品转换为货币。

G—W 既是一般的商品流通行为，又是资本循环的一个特殊阶段。

首先，它的物质内容是那些同货币换位的商品的特殊使用性质。因为资本家用货币购买的商品，是生产资料和劳动力，即商品生产过程中物的因素和人的因素。

木梳资本家买木材，是为了完成生产过程。我们都已经得到论证了，资本家即使花再多的钱，也会一分不落的转到产品中去。

劳动力的价值或价格，是以工资的形式支付给把劳动力当作商品出卖的劳动力所有者的。例如，假定木梳工人劳动力的日价值是 3 元，是 5 小时劳动的产物，但是，这个金额在买者和卖者之间的契约（合同）上的表现不同。资本家要获得剩余价值，所以合同上规定工作时间一定会比 5 小时长，比方说是 10 小时劳动的价格或工资。如果这种契约是和 50 个工人订的，那么，他们在一天中一共要对买者提供 500 个劳动小时，其中 1/2 完全是由剩余劳动构成的。要购买的生产资料的数量和规模，必须足以使这个劳动量得到充分的利用。

生产资料和劳动力的特性，要与所生产的产品种类相适应。如果用 A 表示劳动力，用 Pm 表示生产资料，那么，所购买的商品额 W=A+Pm。劳动力是生产剩余价值的条件，而生产资料是吸引劳动力的手段，资本家把劳动力和生产资料结合起来进入生产过程，就可以生产出凝结着剩余价值的商品。这就是那些同货币换位的商品的特殊使用性质。在 G—W 中，G 作为货币资本执行着资本的职能，而 G—W 则成为资本循环的一个特殊阶段。因此，资本家的货币额 G 要在质上分割为两种不同的资本，一种用来购买劳动力，另一种用来购买生产资料。

G—W=A+Pm 不仅表示一种质的关系，即一定的货币额（100块钱或是别的数额的钱）转化为互相适应的生产资料和劳动力；它还表示一种量的关系，即用在劳动力 A 上面的货币部分和用在生产资料 Pm 上面的货币部分的量的关系。这种量的关系一开始就是由一定数量的工人所要耗费的超额劳动即剩余劳动的量决定的。

例如，一个木梳厂，50个工人的周工资为5000元，如果一周有3000小时的劳动（每天工作10小时，每周工作6天），其中1500小时是剩余劳动。转化为木梳的生产资料的价值是1000元，那就是在生产资料上耗费了1000元。

在不同的产业部门，对追加劳动的利用，需要追加多少生产资料形式的价值，是与这里的问题完全无关的。问题只是在于：耗费在生产资料上的货币部分，也就是在G—Pm中购买的生产资料，在任何情况下都必须是充分的。因此，必须在生产一开始就估计到这一点，并按照适当的比例准备好。换句话说，生产资料的数量，必须足以吸收劳动量，足以通过这个劳动量转化为产品。如果生产资料的数量不足，劳动力就会出现闲置而造成浪费，那么，资本家的剩余价值也会相应减少。如果生产资料过多，就会造成积压，从而使资本家的这部分资本不能发挥作用而造成浪费。只有劳动力与生产资料完全相对应时，资本家才能得到最多的剩余价值。

在G—W中，货币额G购买生产资料和劳动力的流通过程一旦完成，资本家就不仅支配着生产某种产品所必需的生产资料和劳动力，还支配着一种比补偿劳动力价值更大的劳动力使用权，即支配着一种比劳动力自身价值更大的劳动量，同时，还支配着使这个劳动量转化为物化劳动的生产资料。简单地说，资本家支配着的这些因素，是一个包含剩余价值的商品量。这样，资本家以货币形式预付的资本，通过 G—W 阶段，就能够生产剩余价值。这种形式处在具有创造价值和剩余价值能力的生产资本形式中，这种形式的资本就是 P（P 表示生产过程，W′ 和 G′ 表示增加了剩余价值的商品和货币）。

P 的价值等于 A+Pm 的价值，等于转化为 A 和 Pm 的 G。G 和 P 是同一个资本价值，只是处在不同的存在方式上而已。

因此，G—W=A+Pm 或它的一般形式 G—W（商品购买的总和），这个一般商品流通的行为，作为资本的独立循环过程的阶段来看，同时又是资本价值由货币形式到生产形式的转化。或者简单地说，是由货币资本到生产资本的转化。可见，在这里首先考察的循环公式中，货币表现为资本价值的第一个承担者，而货币资本也就表现为资本预付的形式。

作为货币资本，它处在能够执行货币职能的状态中。在当前考察的场合，就是处在能够执行一般购买手段和一般支付手段的职能状态中。这种能力所以产生，不是由于货币资本是资本，而是由于货币资本是货币。

货币状态的资本价值也只能执行货币的职能。这种货币职能所以会成为资本职能，是因为货币职能在资本的运动中有一定的作用，从而也是因为执行货币职能的阶段和资本循环的其他阶段是有联系的。

在 G—W=A+Pm 中执行货币资本职能的货币的一部分，会由

图解资本论

于这个流通本身的完成转而去执行一种职能，在这种职能上，它的资本性质消失了，但它的货币性质保留下来。货币资本 G 的流通分为 G—Pm 和 G—A，即购买生产资料和购买劳动力。

G—A 从资本家方面看，是购买劳动力，从工人即劳动力的所有者方面看，是出卖劳动力——这里可以说是出卖劳动，因为是以工资形式为前提的。在这里，和任何一种购买一样，对买者来说是 G—W（＝G—A），对卖者（工人）来说是 A—G（=W—G），是出卖他的劳动力。这是商品的第一流通阶段或第一形态变化，从劳动的卖者方面看，就是他的商品转化为货币形式。工人把他由此获得的货币，逐渐地耗费在一个满足他需要的商品额上，即耗费在消费品上。因此，他的商品总流通表现为 A—G—W，首先是 A—G（＝W—G），然后是 G—W，也就是表现为简单商品流通的一般形式 W—G—W。这里，货币只是充当转瞬即逝的流通手段，只是充当商品和商品进行交换的媒介物。

G—A 是货币资本转化为生产资本的一个具有特征性质的因素，因为它是以货币形式预付的价值得以实际转化为资本、转化为生产剩余价值的重要条件。

第二阶段　生产阶段

在 G—W 阶段，货币资本购买生产资料和劳动力后就取得了一种实物形式，实物形式的资本价值是不能继续流通的。于是，货币资本就转化为生产资本而进入第二阶段，即资本的生产阶段。

G—W=A+Pm…P，这里的省略号表示货币资本的流通虽然中断，生产资本的循环过程仍在继续，只是资本已从商品流通领域进入了生产领域。因此，在第一阶段，货币资本转化为生产资本，只是为第二阶段的生产过程做准备。

从 G—W 阶段进入生产过程的前提是：完成从货币资本到生产资本转化过程的货币所有者，必须同时是商品生产者。他不仅在某一使用形式上支配着价值，而且必须在货币形式上占有这些价值。完成这个转化过程之前，他付出货币的同时，必须得确定这些货币经过循环还会回到他的手中。这样，他才能继续成为货币所有者。而货币只有在转化为商品售卖后，才会变为货币重新流回他手中。拥有这一切的前提条件的人就是资本家。

资本主义的生产过程，就是生产资料和劳动力的结合过程。

雇用工人只能靠出卖劳动力来过活。劳动力的维持需要每天进行消费。因此，必须每隔一个较短的时期付给他一次报酬，使他能够反复进行为维持自身所需的各种购买，反复进行 A—G—W 或 W—G—W 行为。因此，资本家必须不断作为货币资本家，他的资本必须不断作为货币资本与雇用工人相对立。

不论社会实行什么样的生产方式，劳动者和生产资料始终都是社会生产的重要因素，如果要进入生产过程，就必须把劳动者和生产资料结合起来。而劳动者和生产资料相结合的特殊方式，是区分各个不同社会经济时期的标志。

在生产过程中，生产资料和劳动力对价值的形成起着完全不同的作用，从而对剩余价值的生产也起着不同的作用。作为资本家的预付资本，它们分为不变资本和可变资本。生产资料在归资本家所有时，即使是在生产过程之外，它也仍然是资本家的资本。而劳动力

◎资本主义的生产过程，就是生产资料和劳动力的结合过程。

只有在生产过程中，才能成为单个资本的存在形式。就是说，劳动力在它的卖者（雇用工人）手中时是商品，而在它的买者（资本家）手中时则成为资本，只有生产资料和劳动力相结合才能成为生产资本的实物形式或生产资本。因此，正如人的劳动力并非天然的资本一样，生产资料也并不是天然的资本。只有在一定的历史条件下，生产资料才能成为资本。

　　生产资本执行职能的过程，就是资本家对劳动力和生产资料的消耗过程，也就是资本主义的生产过程。其结果就是：生产出一个具有更高价值的产品量。在生产过程中，劳动力仅仅作为生产资本的一个要素而发生作用，劳动力的剩余劳动不仅能生产超出劳动力价值的余额，而且还能为资本家生产出一个无须花费任何等价物的价值。劳动力的剩余劳动为资本家带来剩余价值，因

此，产品不只是商品，而且是孕育着剩余价值的商品。它的价值等于生产这种商品所耗费的生产资本的价值P，加上这个生产资本产生的剩余价值M。所以，生产资本的职能，就是生产剩余价值。

假定商品是100把木梳，每把木梳1元，生产这些木梳消耗的生产资料的价值是300元，所消耗的劳动力的价值是100元。木梳工人在生产过程中把通过他们的劳动而耗费的生产资料的价值400元转移到木梳上，同时又提供了一个相当于他们消耗的劳动的新价值。

第三阶段 W′—G′

生产资本就是生产过程中，按资本主义方式生产的、已经增殖的商品。如果在整个社会范围内，商品都按资本主义的方式来生产，那么，所有商品从一开始就会成为商品资本的要素，不论它们是木梳、馒头，还是棒棒糖、袜子。由于属性不同，商品中哪一类是商品资本，哪一类是普通商品很难区别，它们的区别在于商品是否增殖。

资本在商品形式上必须执行商品的职能。作为资本的商品必须转化为货币，即必须完成W—G运动。

假定资本家的商品是100把木梳。在生产过程中耗费的生产资料价值是300元，创造的新价值是200元（其中劳动力价值100元，剩余价值100元）。那么，这些木梳的价值就表现为500元的价格。这个价格通过W—G过程而实现。在这里，通过W—G过程，商品转化为货币，既是一般的商品流通行为，同时又成为一种资本职能。因为，这里的商品是已经增殖的商品，包含了剩余价值。这里，100 把木梳是商品资本 W′，因为它是生产资本 P 的转化形式。如果这 100 把木梳按照它的价值 500 元出售。从商品流通的角度来考察，它等于 W—G，是由商品形式转化为货币形式。但是，作为单个资本循环的特殊阶段，这 100 把木梳售出后为资本家带来了 100 元的剩余价值，因此，它就是 W′—G′，是商品资本转化为货币资本。

商品资本能否完成 W′—G′ 的过程，对资本的循环具有非常重要的作用。因为，在生产过程中，只有完成 W′—G′ 过程，剩余价值才能体现，资本的循环过程才能继续。

现在，W′ 的职能就是一切商品的职能，把商品卖掉，转化为货币，从而完成 W—G 阶段。如果已经增殖的资本还以商品资本的形式停滞在市场上，那么，生产过程就会停止。另外，W′—G′ 的完成速度也将对资本的增殖产生影响。由于资本从商品形式转化为货币形式的速度不同，同一资本价值在一定时期内发挥的作用也不相同，再生产的规模也会以极不相同的程度扩大或者缩小。就是说，流通过程虽然不能增加新的价值，但是它将影响资本的增殖程度。

在前面我们已经指出，一个一定量资本的作用程度，是由生产过程的各种潜能规定的，而这些潜能在一定程度上是和资本本身的价值量无关的。在 W′—G′ 阶段，商品的出售数量也将影响资本的增殖程度。作为已经增殖的资本即商品量 W′，必须全部完成形态变化 W′ —G′ 。作为商品总量中不可缺少的一部分，单个的商品虽然也包含着剩余价值，但它实现的程度取决于商品出售的数量。上例中，如果资本家卖掉价值 300 元的木梳，则只能补偿他的不变资本的价值，也就是已消耗的生产资料的价值。如果卖掉价值 400 元的木梳，就能补偿全部预付资本的价值。如果要实现剩余价值，资本家就必须把所有的木梳全部卖掉。因此，商品资本要实现自己的职能，必须将它的商品形式全部转化为货币形式。

所以，商品资本的职能，就是实现剩余价值。

总循环

资本的总运动是 G—W…P…W′ —G′ ，在这个运动过程中，资本表现为一个价值，它将经过一系列相互联系的形态变化，这些形态变化使资本的运动过程分为 3 个阶段。第一阶段 G—W，资本家通过购买劳动力和生产资料，将资本由货币形式转化为商品形式，由此进入第二阶段。在这个阶段，资本家对劳动力和生产资料进行消费，第一阶段的商品 W 被另一个价值更大的商品 W′ 所代替，生产过程结束，然后进入第三阶段。在这个阶段，资本家把已经增殖的商品 W′ 售出，将资本由商品形式又转化为货币形式。就是说，在资本运动的总过程中，资本依次要经历货币资本、生产资本和商品资本 3 种形态变化，与这 3 种形态变化相适应，资本的运动也依次分为购买阶段、生产阶段和售卖阶段。

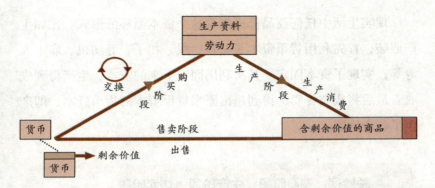

其中，购买阶段和售卖阶段属于流通过程，生产阶段属于生产过程。在资本的运动过程中，不仅保存了预付资本的价值，而且还增大了资本的量，产生了剩余价值。在运动中，资本以货币形式开始，又以货币的形式结束，资本的总过程是一个循环过程。

资本的循环，只有持续不断地运动，才能正常进行。如果资本在购买阶段停顿下来，货币资本就会凝结为贮藏货币；如果资本在生产阶段停顿下来（如停电、停水），就会造成生产资料闲置和劳动力的失业；如果资本在售卖阶段停顿下来（商品卖不出去），就会造成商品积压和流通中断。如果工人罢工，同样也能造成商品积压和流通中断。

资本的循环过程要求资本持续不断运动的同时，循环本身又要求资本在各个循环阶段中的一定时间内固定在一定的形式上，即固定在货币资本、生产资本和商品资本的形式上。只有在完成一种和它的当前形式相适应的职能之后，资本才能够进入下一个新阶段。

现实生活中任何商品都遵循着这个资本循环的形式。比如生产服装，首先利用货币资本买布料、线、扣子、缝纫机、雇工人等等，实现了资本固定。其次利用固定下来的资本，生产得到成衣。最后将成衣售卖，得到超出原来货币资本的货币资本，即产生了剩余价值。

关键词：购买阶段　生产阶段　售卖阶段

图解资本论

第二节
生产资本的循环

　　货币资本参与购买生产资料等，再通过生产出售，资本家得到更多货币资本，此时货币资本仍可以再进入这样的生产循环。就这样，不断生产，资本家的资本不断增长，资本家越来越富了。

　　资本主义生产是连续不断的再生产，生产资本的循环则表示了资本的再生产过程。

　　由我们前面提到的总循环图，我们可以得到另外几个循环，从生产资本出发，最后又回到生产资本的再生产过程叫作生产资本的循环，它的总公式是：$P\cdots W'—G'—W\cdots P$。这个循环表示资本的生产过程是价值增殖的再生产过程，它表示资本主义的生产不仅是剩余价值的生产，而且还是剩余价值的周期再生产，处在生产过程中资本不是只执行一次价值增殖的职能，而是周期反复地执行着价值增殖的职能。在生产资本循环的起点 P，经过一个生产资本循环，终点还是 P，生产过程的重新开始，这已由形式本身规定了。因此，资本主义的生产过程，就是连续不断的再生产过程。

　　生产资本循环有两个显著特点：

　　1. 第一种形式即货币资本循环中，生产过程 P 只是在 G—

W 和 W′ —G′ 这两个流通阶段之间充当媒介。而在生产资本循环中，在由生产资本开始并以生产资本结束而构成的总流通过程中，生产过程 P 则成为再生产过程的媒介。

2. 生产资本循环与货币资本循环具有相反的表现形式。在货币资本的循环中，总流通过程是 G—W—G（G—W…W—G），这是资本的流通形式。而在生产资本循环中，总流通过程则是 W—G—W（W—G…G—W），所以是简单商品的流通形式。

简单再生产

我们首先考察生产资本的简单再生产，假定一切条件不变，商品按价值买卖，而剩余价值全部用于资本家的个人消费。也就是没有新增资本的再生产，即简单再生产。

我们的还用前面的例子来说，商品资本 W′ 是 100 把木梳，价值 500 元。其中 300 元是生产资料的价值，100 元是生产力的价值，100 元是剩余价值。资本家投入了 400 元，得到 500 元，多出的那 100 元被资本家吃了、玩了或是藏起来了。生产时还是那 400 元资本继续进行下去，每产生剩余价值，资本家就会拿走剩余价值，用在其他地方……即商品产品的超额部分退出这个流通，而在一般商品流通内走一条分离的轨道。

在简单再生产中，商品资本 W 一旦转化为货币，资本价值和剩余价值就将在不同的领域流通。货币总额中的资本价值部分将在产业资本的循环中继续流通；已经转化为货币的剩余价值则退出资本循环，进入一般的商品流通过程。这个以货币流通为主

○这幅石版画展示了 1851 年世界博览会中英国展出的各种机器。工业革命的科技成果迅速传播到欧洲其他国家和地区，并对各国经济产生重大的影响。

的一般商品流通，主要用于资本家的个人消费。由于这种消费是在不同时期分散进行的，因此，这种货币一般采取贮藏货币的形式。

不管怎样，W′ 中包含着资本价值和剩余价值，即 W′ =W+△W（W 的增殖额），我们把商品的增殖额叫作 w。同样，G′ =G+△G，我们把货币的增殖额叫作 g。W′ —G′ 总会分开，分成不同的货币额。在这两种场合，G 和 g 实际都是价值的转化形式，这个价值原来在 W′ 中只是具有商品价格这种独特的、观念上的表现。

w—g—w 是简单的商品流通。它的第一阶段 w—g 包含在商品资本的流通 W′ —G′ 中，从而包含在资本的循环中；相反，它的补充阶段 g—w 却在这个循环之外，成为同这一循环相分离的一般商品流通的行为。W 和 w 即资本价值和剩余价值的流通，在 W′ 转化为 G′ 之后分开了。由此可见：

第一，当商品资本由 W′ —G′ =W′ —（G+g）而实现时，在 W′ —G′ 中还是共同进行并由同一商品量承担的资本价值和剩余价值的运动，就变成可以分离的运动，因为二者都是货币数额，都有独立的形式。

第二，如果发生这种分离，就是说 g 作为资本家的收入花掉，而 G 作为资本价值的职能形式继续沿着它的由循环决定的轨道运行，那么，第一个行为 W′ —G′ 和相继发生的行为 G—W 和 g—w 联系起来看，就可以表现为两个不同方向的流通：W—G—W 和 w—g—w。就一般形式来说，这两个流通序列都属于普通商品流通。

另外，还有一种不可分割的具有连续性的商品体，它的价值的各个组成部分实际上是分割开的。以建筑业为例，虽然我们看房地产大亨财大气粗，可是盖个小区或是商务楼，其前期投入极大，"大亨"也很难凑齐。因此，这种营业大部分依靠信用经营，建筑业主依照房屋建造的各个阶段取得垫款。其中任何一个阶段都不是整座房屋，只是将要建成的房屋的一个现实存在的部分作为取得追加垫款的保证。

第三，如果在 W 和 G 中还是共同进行的资本价值和剩余价值的运动，只是部分地分离（以致剩余价值的一部分不是作为收入花掉），或者根本不分离，那么，资本价值本身还在它的循环中，还在它的循环完成以前就发生一种变化。

W' —G' ，在循环 $G \cdots G'$ 中是流通的第二阶段和这个循环的终结阶段；在现在这个循环中，却是这个循环的第二阶段和商品流通的第一阶段。因此，从流通来看，它必须用 G' —W' 补充。但是，W' —G' 不仅发生在价值增殖过程之后，而且价值增殖过程的结果，商品产品 W' 也已经实现。因此，资本的价值增殖过程体现了已经增殖的资本价值的商品产品的实现，都是以 W' —G' 结束的。

庸俗经济学把资本主义的生产过程看作单纯的商品生产，看作用于某种消费的使用价值的生产。而资本家生产这些商品，照庸俗经济学的错误论断，不过是为了用具有其他使用价值的商品来代替或者交换这些商品。

作为资本家预付资本的生产资本，在生产过程中转化为商品 W'。如果资本主义简单再生产要继续进行，这部分生产资本就必须在资本运动中继续循环，但这种循环只有在 W' 转化为货币，从而可以购买劳动力和生产资料后才能进行。在售卖阶段，商品 W' 是由消费者本人购买，还是由经销商购买，对简单再生产没有什么直接影响。

积累和规模扩大的再生产

如果资本家要进行扩大再生产，就不能把剩余价值全部消费掉，而是必须把一部分剩余价值积累起来，作为追加资本投入生产。但是，这些新投入的剩余价值，不可能立即进入生产资本的循环。因为，扩大生产过程的比例不是任意规定的，而是有严格的技术规定，因此，已经实现的剩余价值虽然要资本化，但还需要经过若干次循环反复，才能达到积累所必需的规模。在没有达到这个规模之前，这些积累中的剩余价值，只能凝结为贮藏货币，成为潜在的货币资本。

资本主义生产的性质，是实现预付资本的增殖。就是说，资本主义生产的性质首先是由生产尽可能多的剩余价值的目的决定的，其次是由剩余价值到资本的转化决定的。随着资本的积累，生产规模不断扩大，剩余价值生产也不断扩大，资本积累和扩大再生产，既是资本家生产的目的和发财致富的手段，同时也是资本主义生产的发展趋势。

我们考察简单再生产时，假定剩余价值全部被资本家花掉。实际上，剩余价值在正常情况下总要有一部分作为收入花掉，另一部分则资本化。因此，我们考察扩大再生产时，为了简化公式，假定剩余价值被全部积累起来形成资本。那么，扩大再生产的生产资本循环公式可表示为：$P \cdots W' \text{ —} G' \text{ —} W' = A + Pm \cdots P'$。这个公式表示，一个生产资本按更大的规模和更大的价值被再生产出来，作为已经增大的生产资本，开始它的第二次循环。在第二次循环中，P' 又成为起点，不过，和第一个 P 相比，这个 P' 是一个更大的生产资本。从这个方面看，它与货币资本循环相同。在货币资本 $G \cdots G'$ 公式中，G 是预付的货币资本，G' 是循环的结果。这个 G' 与第一次循环的 G 相比，是一个已经增殖的货币资本。不管有多少剩余价值，只要把它作为资本，资本家总是把它作为预付资本而放在循环的起点。生产资本的循环也是如此，在循环中已经增殖的生产资本 P′，一旦作为新循环的起点，它就不再是剩余价值积累的结果，而是新的预付资本 P。

我们把这个由剩余价值转化而来的货币称为 g，这个 g 能否立即加入处在循环过程中的资本价值，从而和资本 G 一起形成 G′ 量而进入循环过程，这要取决于一些和 g 的单纯存在无关的情况。如果 g 作为货币资本投入与第一个企业并存的另一个独立的企业，那很明显，它只有达到这个企业所需要的最低限量时，才能用于这个企业。同理，扩大原有的企业，g 也必须积累达到一定的数量。

例如木梳厂，资本家要扩大他的生产规模，必须同时购置相应数量的车床、木材，否则就不能增加木梳的数量。另外，生产规模的扩大还要增加工人工资的支出。因此，要扩大生产规模，剩余价值必须达到相当的数额。要达到这个最低限量，生产资本必须经过多次循环反复。它只能以货币贮藏的形式来积累。贮藏货币的目的是进行资本积累，扩大再生产。因此，货币积累或货币贮藏，只是为积累产业资本扩大生产规模。

准备金

作为剩余价值存在形式的贮藏货币，是用于资本积累而扩大再生产的，是为积累资本而暂时采取的一种货币形式，就这一点来说，它是实现资本积累的必要条件。不过，这种积累基金可以完成一些特殊的附带职能，即可以进入资本的循环过程。例如，当 W′ —G′ 过程超出了正常时间，使商品资本不能及时转化为货币资本时，或者商品资本虽然完成了向货币资本的转化，但由于生产资料的价格上涨，超过了循环开始时的水平时，这种货币积累基金就可以暂时充当准备金，用来代替货币资本进入资本的循环过程，以保证生产的正常进行。

货币积累基金作为准备金，与在 P…P 循环阶段中作为购买手段或支付手段的基金是不同的。循环阶段中的购买手段或支付手段，执行着货币资本的一部分职能。而准备金不能执行货币资本职能的组成部分，它不是货币资本的组成部分。它能够进入资本的循环，是因为原来的资本循环产生了停滞现象，资本家用它来消除循环中出现的干扰。所以，货币积累基金作为准备金，只是货币积累的一种附带职能，它既不能转化为生产资本也不能扩大再生产的规模。

货币积累基金是潜在的货币资本的存在，是货币到货币资本的转化。

现在的社会中，简单再生产意味着生产不发展、不扩大，可是社会发展的速度不断加快，各行各业都在高速发展，在这种大环境下，不进则退，因此只有不断的积累扩大再生产的规模才能赶上社会发展的脚步。

当今世界上企业的发展，早已不再局限于只靠自己的剩余价值扩大再生产了，它们通过银行贷款、发行股票、游资和风险资本等多种方式吸收资金来扩大再生产。世界上稍具规模的公司，都会通过上市来吸收闲散资金，用于更快的自我发展。

关键词：生产资本的循环　简单再生产　积累和规模扩大的再生产　准备金

第三节
商品资本的循环

W'—G'—$W\cdots P\cdots W'$ 是商品资本循环的总公式。在这里，W' 不仅是货币资本和生产资本的产物，而且是它们的前提，因为资本的运动过程是从商品资本出发，通过购买阶段、生产阶段和售卖阶段，最后又回到商品资本的循环运动。如果是简单再生产，终点就是 W'。如果是扩大再生产，终点的 W' 就大于起点的 W'，即用 W'' 来表示。

商品资本的循环与货币资本和生产资本的循环有着明显的区别：

第一，在货币资本循环 G—$W\cdots P\cdots W'$—G' 中，G—W 是循环的开始阶段，W'—G' 是循环的结束。流通因为生产过程而中断。在生产资本循环 $P\cdots W'$—G'—$W\cdots P$ 中，总流通过程包含两个互相对立的流通阶段，W′—G′—W 只是再生产过程的媒介。而在商品资本循环中，则已包含两个对立阶段的总流通过程，即以 W′—G′—W 作为循环起点。

第二，在货币资本和生产资本的循环中，即使把已经追加了剩余价值的 G′ 和 P′ 作为新循环的起点，这个起点也不是 G′=G+g 和 P′=P+p，而是在新的循环中重新作 G 和 P。因为这时处在循环起点的资本，只是作为待增殖的预付资本执行职能，不是作为已经增殖的资本价值存在。在商品资本循环中，即使循环以相同的规模重新开始，起点 W 也必须用 W′ 来表示。因为，商品资本的循环一开始就是包含剩余价值的循环。以资本价值开始，而且是以商品形式上增大了的资本价值开始，因而它一开始就不仅包含商品形式的资本价值的循环，而且包含剩余价值的循环。因此，如果以这种形式进行简单再生产，商品资本循环的终点和起点就会相同，即 W′ 一样大。如果一部分剩余价值转化为资本而使生产规模扩大，那么，在终点出现的就是一个更大的 W′ 即 W′。但是，如果把这个已经增大的商品资本 W′ 又作为下一次循环的起点，那它又表现为 W′。不过，和前一个 W′ 相比，这是一个更大的、包含着剩余价值的 W′。因此，在所有情况下，W′ 总是作为一个商品资本来开始循环的。就是说，商品资本的循环从一开始就是包含着剩余价值的循环。

商品资本循环的起点是商品形式的资本 W′，只有这些商品全部售出，循环过程才能继续进行。因此，商品资本循环有着与货币资本循环和生产资本循环完全不同的特点。首先，在商品资本循环的运动过程中，原来的预付资本价值只是运动起点 W′ 的一部分，而这个运动一开始就是产业资本的总运动。W′ 既包括补偿预付的生产资本那部分产品的运动，还包括形成剩余价值那部分产品的运动。其次，除包括生产消费外，商品资本循环还包括个人的消费。因为，作为循环起点的商品资本 W′ 是以具有使用价值的实物形式存在的，这些商品不管是用于生产消费还是个人消费，作为商品资本，都要进入资本的循环过程。最后，商品资本 W′ 可以在生产过程结束时保存自己的使用价值，就是说，可以成为个人消费的终端产品。所以，从一开始就表明：以产品形式表现的 W′ 的各个价值组成部分，要看 W′ ⋯W 是作为社会总资本的运动形式还是单个产业资本的独立运动，而必然具有不同的作用和意义。但商品资本循环的特征表明，这个循环已经超出单个产业资本的孤立循环范围，它实质上是社会总资本的运动。因此，要全面把握商品资本循环的特征，仅仅研究 W′ — G′ 和 G—W 这两个形态变化是不够的，还必须弄清楚单个资本之间的形态变化，以及某一单个资本形态变化同社会总产品中用于个人消费的那一部分产品的错综复杂关系。

我们仍用做木梳的例子，资本家有 400 元，300 元买生产资料，100 元付工资。剩余价值 100 元，做了 100 把木梳。100 把木梳可以再分为：价值 300 元的 60 把木梳，这部分补偿生产 100 把木梳消费掉的生产资料的价值；价值 100 元的 20 把木梳，只补偿可变资本；价值 100 元的另外 20 把木梳则作为剩余产品，成为剩余价值的承担者。因此，在卖出的 100 把木梳中，能够按价格 400 元卖出的木梳补偿其中的资本价值，而以剩余产品 100 元的价值有 20 元作为收入花掉。

产业资本的循环是由货币资本循环、生产资本循环、商品资本循环三个循环形式构成。如果用 Ck 代表总流通过程，那么，这三种循环形式可以用三个公式来表示：

形式一：货币资本循环，$G—W\cdots P\cdots W'—G'$

形式二：生产资本循环，$P\cdots Ck\cdots P$

形式三：商品资本循环，$Ck\cdots P(W')$

对这三种循环形式进行分析后就会发现，循环过程的所有前提都表现为循环过程的结果。经过一个循环后，又回到了"原点"。例如，G 是货币资本循环的前提，但同时也是货币资本循环的结果。由于 G 是在生产过程中由商品资本转化而来的，因此，作为货币资本循环前提的 G' 是由生产过程本身产生的。生产资本和商品资本的循环也一样，既是出发点，又是经过点

◎18 ~ 19 世纪法国繁荣的贸易图。

和复归点。另外，产业资本的循环总过程是生产过程和流通过程的统一，生产过程是流通过程的媒介，反过来，流通过程也是生产过程的媒介。

在形式一中，生产过程出现在资本流通的两个互相补充又互相对立的阶段中间；在终结阶段 W′—G′ 出现以前，它已经过去了。货币作为资本，先是预付在各种生产要素上，由这些生产要素转化为商品产品，商品产品再转化为货币。这是一个完全的营业周期，结果是可以用于一切东西的货币。因此，新的开始只是有了可能。G…P…G′ 可以是结束某个资本职能的最后循环，也可以是一个新执行职能的资本的最初循环。在这里，一般的运动是 G…G′，即由货币到更多的货币。

在形式二中，总流通过程跟随在第一个 P 的后面，发生在第二个 P 的前面；但它的顺序与形式一中相反。第一个 P 是生产资本，它的职能是生产过程，即随之而来的流通过程的先决条件。相反，结束的 P 不是生产过程，它不过是产业资本在生产资本形式上的再存在。它使资本价值在最后流通阶段转化为 A+Pm，转化为主观因素和客观因素的结果，这两种因素结合起来就是生产资本的存在形式。资本不论是 P 还是 P′，终结时会再次出现在必须重新执行生产资本职能完成生产过程的形式上。运动的一般形式 P…P 是再生产的形式，它与 G…G′ 不同，不表示价值增殖是最终的目的。因此，这个形式使古典经济学更加容易忽视生产过程的资本主义形式，而把生产本身说成是过程的目的，好像就

图解资本论

是要尽可能多和尽可能便宜地进行生产，使产品去交换尽可能多样的其他产品，一部分用于生产的更新（G—W），一部分用于消费（g—w）。在这里，由于 G 和 g 只是转瞬即逝的流通手段，所以，货币和货币资本的特性都可能被忽视，全部过程也显得简单和自然，也就是说，具有浅薄的唯理论的自然性。同样，在考察商品资本时，利润有时被忘记，在说到作为总体的生产循环时，商品资本不作为商品出现；而在说到价值的组成部分时，商品资本则作为商品资本出现。当然，积累也是用和生产一样的方式来表达的。

在形式三中，循环由流通过程的两个阶段开始，并且和形式二中 P⋯P 的顺序相同；然后出现的是 P，并且它和形式一中一样执行职能，即进行生产过程；循环以生产过程的结果 W′ 结束。在形式二中，循环以生产资本单纯的再存在 P 结束，在这里，循环以商品资本的再存在 W′ 结束；在形式二中，资本在它的结束形式 P 上，必须使过程作为生产过程重新开始，同样，在这里，在产业资本以商品资本形式再出现时，循环也必须用流通阶段 W′—G′ 重新开始。循环的这两个形式都没有完成，因为它们都不是用 G′（已经再转化为货币的、已经增殖的资本价值）来结束。所以，二者都必须继续进行，因而都包含着再生产。形式三的总循环是 W′⋯W′。

在产业资本循环总过程中，货币资本循环、生产资本循环和商品资本循环都有一个共同点：价值增殖是循环的目的和动机，整个循环运动就是一个价值增殖的过程，不管哪种循环，它都要走一圈，完成一个增殖过程。

　　任何一个产业资本，都同时处在这3种循环形式中。即都是同时采取货币资本、生产资本和商品资本这三种职能形式，并同时进行着这三种形式的循环。

　　假设一个生产木梳的工厂里面，资本家不会依次买进木材、生产，等到全部生产完后，生产车间停工，拿着全部的木梳去销售。按此假设，资本的循环必然会出现生产过程和流通过程的交替中断，从而使生产不能连续地进行。资本家挖空心思，绞尽脑汁占有工人剩余价值，让工人不停地工作，而在循环时却留有大量时间让机器闲着，那当然是不可能的。

　　购买生产资料、工人们生产商品、商品出售是同时进行的。不管资本进入哪个阶段，资本的再生产始终都是连续进行的，就像产业资本的形态变化要依次经过三个阶段一样。因此，产业资本总循环是货币资本循环、生产资本循环和商品资本循环这三种形式的统一。这就是资本主义生产的特征：连续不断的再生产，它是由资本主义生产的技术基础决定的。

　　从货币到更多的货币，是资本家生产资本循环的结果。就像一个圆，当它的半径是1，它每增加一倍的半径就相当于增加一次循环，它的面积就是资本家获得的货币。

关键词：货币资本循环　　生产资本循环　　商品资本循环

第四节
流通时间和费用

　　资本通过生产领域和流通领域的运动，是按照时间的顺序进行的。资本停留在生产领域的时间是资本的生产时间，资本停留在流通领域的时间是资本的流通时间。资本完成它的循环的全部时间，等于生产时间和流通时间之和。

　　在资本主义生产过程中，流通时间是实现资本价值增殖的重要条件。在流通领域内，资本有两个流通过程：一个是由商品形式转化为货币形式的流通过程，一个是由货币形式转化为商品形式的流通过程。在这两个流通过程中，资本不是执行生产资本的职能，只是执行商品资本和货币资本的职能，因此，流通过程中的资本既不能生产商品，更不能生产剩余价值。

　　资本的流通时间和生产时间是互相排斥的，在同一时间内，同一资本不能既处在流通时间同时又处在生产时间。如果总资本在循环过程中每次都是一下子由一个阶段进入到另一个阶段，即资本的不同部分是相继通过循环的，也就是总资本价值的循环是在资本的不同部分的循环中依次完成的，那么，资本的各组成部分在流通领域内停留的时间越长，流通领域内占据的资本就越多，而在生产领域内执行生产资本职能的资本就越少。当资本停留在流通过程的时候，生产过程就会中断，资本的自行增殖也会

随之中断。另外，生产过程的更新是由资本流通时间的长短快慢决定的，资本的流通时间越长，生产过程的更新也就越慢。资本流通时间的长短，对于生产时间的长短，或者说对于一定量资本作为生产资本执行职能的规模的缩小或扩大，起了一种消极限制的作用。流通时间越短或近于零，资本的职能就越大，生产效率就越高，从而资本的自行增殖程度就越大。

　　资本在流通领域内耗费的各种费用叫作流通费用。流通费用分为两类，一类是非生产性流通费用，又叫作纯粹流通费用，另一类是生产性流通费用。

纯粹流通费用

纯粹流通费用是指由资本的价值形态变化所引起的费用，主要有买卖时间和簿记。资本由商品到货币的转化和由货币到商品的转化，都是资本家的买卖行为。资本为完成这种形式转化而耗费的时间，就是买卖时间，这是资本家经营时间的一部分。

买者和卖者之间达成交易是需要时间的。买卖时间并不能创造价值，它只能把价值由一种形式转化为另一种形式。买卖商品需要耗费一定的时间或劳动，尽管这种劳动对资本主义生产过程来说是一个必不可少的因素，但这种劳动既不创造价值和剩余价值，也不能增加商品的价值量。但是，这个时间也要算在流通时间里。在商品交易中，如果实行等价交换，不管是在买者手里还是在卖者手里，商品的价值量都不会发生变化，发生变化的只是商品的存在形式。如果是不等价交换，转化了的商品价值总额仍旧不会改变，一方的增加就意味着另一方的减少。如果商品生产者直接从事商品买卖，那么，他在买卖商品时所耗费的时间，就是他的生产间歇时间的耗费（或者是他的生产时间的损失）。因此，用在商品交易上的买卖时间，不能创造任何价值，它只是一种纯粹的流通费用。

流通费用除了耗费在买卖时间上之外，还耗费在簿记上。簿记是指以货币为计量单位，通过记账和算账，从而对生产经营过程进行记录和核算的一种活动。簿记一方面要耗费物化劳动即劳动力，另一方面要耗费劳动资料，如钢笔、墨水、纸张、写字台等。

资本作为不断运动着的价值，首先是以货币的形态存在于商品生产者的头脑中。资本的循环运动，无论是在生产过程还是在流通过程，都是由簿记来确定和控制的。因此，在生产过程中，商品表现为一种观念上的货币。商品生产者在簿记时消耗的劳动资料和劳动力不能增加商品的价值，必须从生产时间和劳动资料中扣除，但这种消耗是完全必要的。耗费在簿记上的费用和耗费在商品买卖上的费用都是非生产性消费，因而归入纯粹流通费用。无论是商品生产者自己行使簿记的职能，还是簿记独立成为一种专门的职业，簿记的职能性质都不会改变。

簿记费用和买卖商品的费用都属于流通费用，但是，簿记费用同单纯买卖商品的费用毕竟有一定的区别。单纯买卖商品的费用，是在商品的生产过程中产生的。离开商品生产和商品买卖的地方，买卖商品的费用就不会发生。而簿记则不一样，只要商品生产存在，社会就需要簿记。生产过程越是按社会化的规模发展，簿记就越是重要。因此，簿记对资本主义生产，远远比对手工业生产和农民的分散生产重要。同样，簿记对社会公有化生产的重要性，大于资本主义生产的重要性。随着生产的社会化和簿记的专业化（会计师事务所等），簿记的费用会越来越少。

生产性流通费用

生产性流通费用是指生产过程在流通领域继续进行而产生的费用，主要有保管费用和运输费用。

图解资本论

纯粹的流通费用是由价值的单纯形式变换而产生，它不增加商品的价值。但保管费用的性质则不同，保管费用产生于生产过程，它是为保存商品的使用价值而产生的费用。因此，保管费用会增加商品的价值。

在资本主义生产中，为保证生产过程的持续性，需要储备一定数量的生产资料和生活资料。要保管这些储备物品，就必须支付一定的费用。当产品作为商品资本停留在市场时，也就是说，当产品处在生产过程和消费过程之间的间隔时间时，产品就形成储备形式的商品。在每一个循环中出现两次：一次是在售卖阶段，它是资本本身的商品，另一次是在购买阶段，它被购买后将转化为生产资本。如果没有商品储备，商品在被生产出来以前，就不能售卖，也就不能转化为生产资本，生产过程就会发生中断。因此，生产过程和再生产过程的不断进行，同时要求一定量生产资料不断出现在市场上，也就是形成商品储备。但是，商品资本要作为商品储备停留在市场上，就需要支付一定的费用。例如，商品储备需要有储藏库，这需要一定的保管费用。同时，商品储备还要为仓库保管员、搬运工人支付劳动力报酬。另外，在商品储备期间，商品还会耗损。这些费用都产生于流通领域，所以算流通费用。但是，在资本主义社会中一切追加价值的劳动同时也会追加剩余价值，并且在资本主义基础上总要追加剩余价值，因为劳动创造的价值取决于劳动本身的量，劳动创造的剩余价值则取决于资本家付给劳动的报酬额。因此，使商品变贵而不追加商品使用价值的费用对社会来说，是生产上的非生产费用，对单个资本家来说，则可以成为发财致富的源泉。耗费在保管费用中的流通费用同纯粹流通费用有区别，这些流通费用在一定程度上增加了商品的价值，从而使商品变贵了。

运输是使产品发生场所的变换，即产品由一个地方移动到另一个地方的实际运动。在资本主义生产条件下，产品就是商品，社会劳动的物质变换，是在资本循环和商品形态变化中完成的。因此，商品运输和商品流通是互相联系的，但二者也并不是不可分离，没有商品运输，商品也可以流通。同样，没有商品流通，甚至没有直接的商品交换，产品也可以运输。例如，在房屋买卖中，房屋是作为商品流通的，但是它并不经过运输。又如木材、铁之类的商品是可以移动的，在交易过程中，虽然经过许多流通过程，也几易其主，但它们还是留在原来的货栈内。因为，在这里进行循环运动的，不是物品本身，而是物品的所有权证书。另一方面，在某些地方，虽然社会产品不进行商品流通，也没有物与物的直接交换，但是运输业还是在社会经济生活中起着十分重要的作用。

由于商品运输发生在流通领域，运输费用就表现为流通费用的形式。但是，运输费用的生产性质并不会因它表现为流通费用这种特殊形式而改变。商品运输的目的是为了使商品进入消费领域，从而实现商品的使用价值，因此，运输业就成为一种追加的生产过程，耗费在运输业上的资本价值就会转移到所运输的商

图解资本论

◎越是庞大的企业，越是需要科学的管理，建立严密的组织结构，任命称职的管理者，制订明确可行的计划等。

品中去。既然运输业具有生产性质，那么，商品生产的一般规律也同样适用于运输业。运输费用转移到所运输的商品中去的规律是：在其他条件不变的情况下，运输业的劳动生产率越高，由运输追加到商品中的绝对价值量就越小，商品运输的距离越长，由运输追加到商品中的绝对价值量就越大。反之，运输业的劳动生产率越低，由运输追加到商品中去的绝对价值量就越大，商品运输的距离越短，由运输追加到商品中去的绝对价值量就越小。

简单地说，商品在空间上的位置移动就是商品运输。运输业一方面成为一个独立的产业部门，成为产业资本的一个特殊投资领域。另一方面表现为生产过程在流通过程内的继续，并且为了流通过程而继续。

关键词：生产时间　流通时间　流通费用　纯粹流通费用　生产性流通费用

图解资本论

第六章

社会总资本的生产和流通

资本的周转与种类

　　资本价值以预付资本的形式作为起点，经历一系列循环运动后，已经增殖的资本重新回到它的起点。资本处在循环运动中的时间就是资本的总流通时间，是流通时间和生产时间之和。资本主义生产就是要实现预付资本价值的增殖，不管这个预付资本是货币形式还是商品形式。要实现资本的增殖职能，就必须将资本投入到不断循环运动的资本循环中，当资本的循环不是作为一次孤立的行为，而是作为一个周期性的运动过程时，这种循环就叫作资本的周转。

　　资本的周转需要花费一定的时间。资本的生产时间和资本流通时间之和，即总流通时间，就是资本的周转时间。资本的周转时间，就是资本在总循环中以某一点作为起点，下一次重新回到这个起点所花费的时间。资本周转一次，同一资本价值就能实现一次增殖过程，或者生产过程就能更新一次。

　　不同的部门，不同的企业，资本的周转时间各不相同。为了考察方便，我们统一用一个计量单位"年"。正如工作日是劳动力的自然计量单位一样，年也是资本周转的自然计量单位。这个计量单位的自然基础是，最重要的农产品都是一年收获一次。

　　假定用 U 表示周转时间年，用 u 表示资本的周转时间，用 n

表示资本的周转次数，那么，资本的周转公式即：

n=U/u

例如，某资本周转时间 u 为 4 个月，那么，周转次数 n=12/4=3，就是说资本在一年中周转 3 次。如果周转时间 u 为 6 个月，那么，周转次数 n=12/6=2，即资本在一年内只周转了 2 次。

对资本家来说，资本的周转时间就是他实现预付资本增殖的时间。资本的周转时间越短，一年内资本的周转次数就越多，资本家预付资本增殖的次数也就越多。反之，资本的周转时间越长，一年内资本的周转次数就越少，资本家预付资本增殖的次数也就越少。

根据资本的流动性，我们可以把资本分为流动资本和固定资本。

流动资本

流动资本是指投放在原料、燃料和辅助材料等方面的一部分不变资本。比如，木梳生产过程中买木材的费用、电费、水费等。此外，资本家用于购买劳动力的可变资本部分也属于流动资本。

在生产过程中，一些原料在劳动资料执行职能时被消费，这部分资本的价值将转入到新生产的产品中，另外一些辅助材料不在物质上加入产品，如照明用的电。从流动资本的周转方式来看，只要在生产过程中原料和辅助材料能够全部被消费掉，那么它们的价值就可以全部转移到新生产的产品中。因此，流动资本

○18世纪法国食品和燃料的经常性短缺，导致民心不稳，这些运小麦和木材的船只大受欢迎。

的流通和周转具有这样一些特点：

1. 这部分资本在劳动过程中被全部消费掉，因此在新的劳动过程中，必须全部用同一种新的物品来替换。如木材被消费掉，生产出木梳。

2. 在生产过程中，它们不能保持自己独立的使用形式，它们的价值是一次性全部转移到产品中，通过流通来完成资本的周转。不管是木材、电还是水，在生产时，都被我们用没了，得到了木梳。即它们的价值一次性全部转到了木梳里。

3. 购买劳动力价值的可变资本也属于流动资本。

图解资本论

劳动力是按一定时间购买的。资本家一旦购买了劳动力，就会把它投入生产过程，从而构成资本的一个组成部分，即可变资本部分。劳动力每天都在发生作用，并把它创造的剩余价值增加到产品中。在这里，我们暂且撇开剩余价值不说。资本家购买劳动力，工人出卖劳动力，并在当天的生产中将劳动力消耗掉，从而完成它的一次周转。第二天，工人通过生理上的补给（吃饭、休息），又产生了新的劳动力，再次与资本家建立买卖关系，再次投入生产。不管用来购买劳动力的可变资本和用来购买劳动资料的不变资本有多大区别，但它们的价值周转方式却完全相同，即都是一次完成流通和周转，并将其价值一次性全部转移到新的物质形式中。所以，购买劳动力价值的可变资本也属于流动资本。

通过流通，用来购买原料、燃料和辅助材料的不变资本，将自身的价值转移到产品之中。在这一点上，它们和用来购买劳动资料的固定资本相同，只是流通方式和周转方式有所不同。

固定资本

固定资本是指以厂房、机器等劳动资料形式存在的那一部分不变资本。

固定资本是真正的劳动资料，它具有以下特征：

1. 固定资本作为劳动资料进入生产领域后，就长期固定在生产过程中，反复地执行着相同的职能，并能保持自己原有的使用形式。一个厂房，只要没有人为的破坏，使用几十年都不会变。

2. 在生产过程中，劳动资料将自己的价值逐步转移到产品中去，而没转移的那一部分价值则仍然固定在劳动资料中，即仍然固定在生产过程中。每生产一个产品，机器的一部分价值就会转移到该产品中，但机器还可以生产产品，说明它余下的价值还停留在机器中。

固定在劳动资料上的这部分不变资本，同其他资本一样也要进行流通，只是流通的速度比较慢，因为全部资本价值都是处在一种不断流通的过程之中。比如一台机器的寿命是 15 年，那么15 年后这台机器才流通。从这个意义上说，一切资本都应该是流动资本。但是，这部分不变资本的流通是一种独特的流通。

首先，这部分不变资本不是在它的使用形式上进行流通，而是在它的价值上进行流通。就像机器每生产一个产品都有一定的价值转移到了产品中。

其次，这部分不变资本的价值流通是逐步地、一部分一部分地进行的，流通的价值量和它转移到作为商品进行流通的产品中的价值量相一致。在执行职能的全部时间内，这部分不变资本总会把一部分价值转移并固定在劳动资料中。正是由于这种特性，使这部分不变资本成为固定资本。

固定资本独特的流通形式，引起固定资本独特的周转。固定资本价值流通的独特性表现在：固定资本因损耗而在实物形式上丧失的那部分价值，是按照它的损耗程度逐渐地、一部分一部分地转移到产品中去的，这一部分价值是作为产品价值的一部分来流通的。通过流通，产品由商品转化为货币，固定资本转移到产

图解资本论

品中的那部分价值也变为货币。但是，固定资本中还未转移的那一部分价值则仍然固定在它原来的实物形式上。这样，固定资本的价值就获得双重存在，固定资本在周转上的特征也就显露出来了。

固定资本的价值转化为货币，是和它的价值承担者商品转化为货币同时进行的。但是，固定资本由货币形式再转化为实物形式，是由固定资本的再生产时间决定的。因为固定资本的更新是有一定时间间隔的，固定资本在进行更新之前，它的价值应以货币准备金的形式逐渐积累起来。只有在固定资本完全损耗，不能在生产中起作用的情况下，才能由货币转化为新的固定资本。举例来说，假定一台价值10000元的机器能够使用10年，它原来预付资本价值的周转时间也就是10年。在这10年时间内，它将其价值一部分一部分地转移到产品中去，并通过产品的出售逐渐转化为货币。10年后，这台机器的价值全部转化为货币，并由货币再购买一台机器，这样，它就完成了它的周转。就是说，固定资本只有在它的价值全部转化为货币，货币再转化为新的劳动资料时，它的周转才能完成。即固定资本的周转周期是由固定资本的寿命决定的。

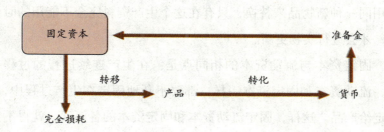

固定资本越耐用，它的损耗越缓慢，不变资本价值固定在这个使用形式上的时间就越长。不管耐用的程度如何，劳动资料转移的价值总是和它的全部职能时间成反比。如果有 2 台价值相等的机器，一台 5 年磨损掉，另一台 10 年磨损掉，那么，前者在同一时间内转移的价值就是后者的 2 倍。

固定资本和流动资本的区别

固定资本和流动资本存在着本质的区别，具体表现为：

1. 固定资本和流动资本的周转方式不同。固定资本是在一次生产过程中部分地损耗，它的价值也就根据物质损耗的程度逐步地转移到产品中。而流动资本是在一次生产过程中被全部地损耗掉，其价值也是一次性全部转移到产品中。由于生产资本的物质形式存在这样的差别，所以，只有生产资本才能够区分为固定资本和流动资本。

2. 固定资本的周转时间长，流动资本的周转时间短。在固定资本的一次周转时间内包含着流动资本的多次周转。

3. 投在固定资本上的生产资本价值是全部一次预付，并逐步从流通中取回的。在生产资本以实物形式执行职能期间，不需要用同一种新物品来替换，只有在这个生产资料完全不能用的时候，才会进行实物更新。

固定资本与流动资本的相同点是：在生产连续进行的过程中，流动资本和固定资本一样，都要不断地固定在生产过程中，固定给产品。这样，固定流动资本和固定资本的各要素，就得不断地以实物形式更新。

　　流动资本就像是零散的鞋底儿，鞋帮儿，鞋面儿……固定资本就像是一大罐胶水，从中分出一滴胶水就能粘出一双鞋。零散的鞋底儿、鞋帮儿、鞋面儿都用上了，也改变了形式，但是胶水还是那一大罐儿，直到里面的胶水全用完，才会再换一大罐儿。

　　关键词：资本的周转　流动资本　固定资本

总资本再生产

社会总资本

资本主义的生产过程，就是资本的劳动过程和价值增殖过程。这个过程的决定性动机是生产剩余价值。

资本的再生产过程，不仅包括直接的生产过程，而且还包括流通过程的两个阶段，即购买阶段和售卖阶段，也就是说，包括资本的全部循环。这个循环作为一种周期性的运动，经过不断地重新反复的过程，形成资本的周转。

在资本的再生产过程中，当资本以货币资本的形式进行循环时，生产过程是流通过程的媒介。当资本以生产资本的形式进行循环时，流通过程是生产过程的媒介。生产过程的不断更新，以及资本作为生产资本的不断再现，又是以资本在流通过程中的形态变化为条件。同时，生产过程的不断更新又是资本在流通领域不断地重新完成各种形态变化的条件，即资本交替地转化为货币资本和商品资本的条件。

社会总资本的运动，是社会各个单个资本运动的总和。一方面，作为社会总资本的一个组成部分，每一单个资本独立地进行着各自的周转运动；另一方面，各个单个资本的周转相互联系、

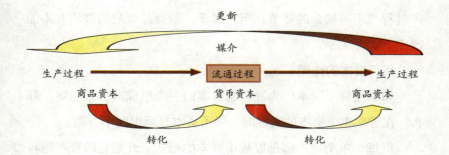

相互依存，从而构成社会的总资本运动。

社会总资本运动的过程，既包含生产消费和作为其媒介的形式转化（物质交换），也包含个人消费和作为其媒介的形式转化或交换。所谓生产消费和物质交换，是指资本家将预付资本转化为劳动力和生产资料，从而进入生产过程进行生产消费。而个人消费和交换，一方面是工人用工资购买生活资料进行生活消费的过程，另一方面还包括资本家用剩余价值购买生活资料进行个人消费的过程。

因此，社会总资本的循环，不仅包括资本的流通，而且也包括一般的商品流通。在资本主义社会，一般的商品流通只能由两部分构成：资本的循环；用于个人消费的商品的循环。当然，资本的循环也包括剩余价值的流通，因为剩余价值是商品资本的一部分。另外，资本的循环还包括可变资本向劳动力的转化，即资本家向工人支付工资。但是，工人用工资、资本家用剩余价值购买生活消费品的行为，都是用来满足个人的生活消费，因而它并不构成资本流通的环节。虽然工人的个人消费是资本流通（再生产过程）不可缺少的环节，但它属于一般商品流通的性质并不能改变。

货币资本的作用

如果把货币资本作为社会总资本的一个组成部分来考察，那么，在考察单个资本的周转时，货币资本显示出两个方面。

1. 每个单个资本都是以货币资本的形式来开始它的资本周转过程的。商品生产以商品流通为前提，而商品流通又以商品表现为货币，以货币流通为前提。若要生产木梳，首先购买木材等原料，然后才是雇用工人生产，再拿到市场上出售，完成一个简单的资本周转。因此，货币资本是资本周转过程的第一推动力。

2. 由于周转期间的长短不同和周转期间的劳动期间与流通期间的比例不同，必须不断以货币形式预付和更新的那部分预付资本价值与它所推动的生产规模之间的比例也就不同。但是，不管这个比例如何，能够不断执行生产资本职能的那部分处在过程中的资本价值，总是受必须不断以货币形式与生产资本同时存在的那部分预付资本价值的限制。因此，要使资本再生产持续不断地进行，单个资本家必须储备一定量的货币资本。否则，资本的周转就会停止，再生产过程就会中断。

商品生产必须以商品流通为前提，而商品流通又以货币流通为前提。商品生产分为商品和货币这两种要素，是产品转化为商品的一般规律。因此，无论是从哪个角度考察，货币资本始终都是资本主义再生产的第一推动力和持续的动力。资本家每开办一个新的企业，都需要用货币资本来购买生产必需的劳动力、劳动资料和生产材料，单个资本如此，社会总资本也是如此。

在资本主义再生产过程中，生产资本总是受与它同时存在的那部分货币资本的限制，我们由此得出这样的结论：资本主义生产规模的绝对界限，不是由执行职能的货币资本量的大小决定的。就是说，货币资本对生产规模的限制不是绝对的，在一定条件下，即使不增加货币资本，或货币资本不按照生产规模扩大的比例而增加，生产规模仍然可以扩大。例如，在劳动力报酬相同的条件下，可以从劳动的外延或内涵方面来加强对劳动力的剥削，就是说，可以通过提高劳动强度或延长劳动时间的方法来扩大生产规模，即使资本家因此而提高了工人的工资即增加了货币资本，货币资本也不是按工人受剥削的程度而成比例增加的。另外，生产上利用的自然物质，如土地、海洋、矿山、森林等，虽

◎ 19 世纪中叶法国的露天矿场。矿山不是资本，却是生产中的物质要素。

然不是资本，但它们是生产中的物质要素。因此，只要加强对这些自然物质的利用，就可以在不增加预付货币资本的情况下扩大生产规模，如果由于辅助材料的增加而必须追加货币资本，那追加的货币资本数量也不是按生产资本效能的扩大成比例地增加的。

可以用增加对固定资本使用强度的办法来延长每天使用的时间。这样，固定资本如机器、厂房等被更有效地加以利用，生产规模相应扩大而无须追加货币支出，只是固定资本的周转加快了，但固定资本的更新时间也会相应缩短。还有那些不费分文的自然力如风力、水力等，也可以作为物质要素进入生产过程。随着科学技术的不断发展，这些自然力以或大或小的效能进入生产过程并能使生产规模扩大，而资本家却不用花费分文。

在不追加货币资本的前提下，还可以通过提高劳动生产力的方法来扩大生产的规模。

此外，在资本的周转过程中，如果缩短资本的周转期，就能够用较少的货币资本推动与原来同量的生产资本，或者用与原来数量相同的货币资本去推动更多的生产资本。

由此，我们可以得到这样一个结论：在一定界限内，生产规模的扩大并不取决于预付资本的数量。预付资本只是一个既定的价值额，一旦它转化为生产资本之后，就包含着生产的潜力，而这些潜力的界限，不是由这个预付资本的价值额决定的。这些潜力能够在一定的活动范围内，在外延或内涵方面发挥不同程度的作用。

图解资本论

关键词：社会总资本　货币资本　社会总资本的循环

简单再生产

如果我们考察社会在一年间提供的总产品，就会清楚地看到社会总资本的再生产过程是怎样进行的，以及这个再生产过程同单个资本的再生产过程的联系与区别。社会总产品既包括补偿再生产过程中消耗掉的生产资料那部分产品，也包括由工人和资本家消费的那部分产品，就是说，社会总产品既包括生产消费，也包括个人消费。既包括资本家阶级和工人阶级的再生产，同时也包括资本主义生产关系的再生产。

我们在考察社会总资本的再生产时，首先应当分析这个商品资本的循环公式。在这个公式里，起点是 $W'=W+w$，即商品资本。在这个起点中，既包含着不变资本价值和可变资本价值（W），也包含着剩余价值（w），所以，商品资本的运动既包括生产消费，也包括个人消费。在 $G—W\cdots P'\cdots W'—G'$ 循环和 $P\cdots W'—G'—W\cdots P$ 循环中，资本运动是起点和终点——这一运动自然也包括消费，因为商品（即产品）必须出售。但是，只要商品已经出售，这个商品以后变成什么，对单个资本的运动是没有关系的。相反，在 $W'\cdots W'$ 运动中，正是要通过说明总产品 W' 的每一价值部分会变成什么，才能认识社会再生产的条件。在这里，总的再生产过程既包括资本本身的再生产过程，也

第六章　社会总资本的生产和流通　　　　　　　203

包括以流通为媒介的消费过程。

作为商品，它必须出售，但是商品由谁购买，如何消费，这对单个的资本运动是没有关系的。相反，在商品资本循环中，正是要通过说明总产品 W′ 的每一价值部分是由谁购买，用于哪种消费，才能认识社会再生产的实现条件。因此，只有从社会总产品出发，才能揭示社会总资本的再生产规律。

考察社会总资本再生产，必须把价值补偿和物质补偿作为主要内容。考察单个资本再生产，主要是分析单个资本的价值补偿。

单个资本家通过出售商品把他的资本和剩余价值转化为货币，然后，再用货币购买各种生产要素并把它们再转化为生产资本。但是，对于资本家卖出商品后，又从什么地方买回生产要素，人们还没有进行过分析。

考察社会总资本再生产，必须把价值补偿和物质补偿同时作为考察的内容。从生产消费方面分析，要使再生产能够正常进行，社会各部门消耗掉的生产资料必须从社会总产品中得到补偿。这种补偿能否实现，取决于社会总产品中的生产资料部分是否满足社会各部门补偿的需要。从生活消费方面分析，再生产的正常进行，要求工人能够用工资、资本家用剩余价值在社会总产品中买到生活消费品，而这个过程又同各个单个资本的运动交织在一起。因此，单个资本再生产远远不能说明社会总资本再生产过程。

在社会总资本再生产过程中，社会总产品中的一部分再转化为资本。另一部分则进入资本家和工人阶级的个人消费，这两方面在社会总资本生产的产品价值内形成一个交换运动。这个运动既是价值补偿，也是物质补偿，因而既要受社会产品的价值组成部分的比例制约，又要受它们的使用价值和物质形式的制约。

在资本主义社会，简单再生产是再生产的最简单形式，也是扩大再生产的基础，因此，考察社会总资本的再生产，必须从简单再生产开始。

社会生产的两个部类

社会总产品即社会的总生产，分成两大部类：

第一部类：生产资料，能够进入生产消费形式的商品。

第二部类：消费资料，能够进入资本家阶级和工人阶级的个人消费形式的商品。

每一部类的资本都分成两个组成部分：

1. 可变资本。从价值方面看，这个资本等于该部类使用的社会劳动力的价值，也就是用于为购买劳动力而支付的工资总额。从物质方面看，这个资本是由发挥作用的劳动力本身构成的，即由这个资本价值所推动的活劳动构成。

2. 不变资本，即该部类在生产上使用的全部生产资料的价值。这些生产资料本身又分成固定资本：如机器（生产木梳的车床）、工具、建筑物、役畜等；流动不变资本：如生产材料，如原料（生产木梳的木材）、辅助材料、半成品等。

这两个部类中，每一部类借助于这些资本而生产的全部年产品的价值，又可以分为3类：

1. 生产上消费掉的、按其价值来说只是转移到产品中去的不变资本 c 的价值部分。

2. 全部年劳动创造的新价值中用于补偿预付可变资本 v 的部分。

3. 全部年劳动创造的新价值中超过可变资本而形成剩余价值 m 的部分。

以上每一部类的全部年产品的价值，和每个单个商品的价值一样，都可以写成 c+v+m。

但事实上，代表生产上消耗掉的不变资本的那部分价值 c，与生产上使用的不变资本的价值并不一致。因为，在不变资本中，作为流动资本的生产材料会在生产中全部消耗掉，它的价值也全部转移到产品中去了。但是，固定资本的价值只是一部分一部分地被消耗掉，因而它的价值也是一部分一部分地转移到产品中去。由于我们假定社会总产品是同时实现价值补偿和实物补偿，因此，在考察社会总产品及其价值时，我们将固定资本在因损耗而转移到年产品中去的那部分价值暂时撇开，因为这部分价值在当年不会得到实物补偿。

研究简单再生产，应以下列公式为基础。

全年总商品产品：

第一部类，生产资料：4 000c+1 000v+1 000m=6 000；

第二部类，消费资料：2 000c+500v+500m=3 000。

以上公式中，c= 不变资本，v= 可变资本，m= 剩余价值，并且假定价值增殖率 m／v=100%。两个部类产品的总价值等于9000，按照前面的假定，其中不包括继续以实物形式执行职能的固定资本。

在简单再生产基础上，剩余价值全部用于生活消费，没有积累，并且先不考察作为交换媒介的货币流通，那么，简单再生产的实现包括 3 大交换过程：

1. 第二部类中，工人的工资 500v 和资本家的剩余价值 500m，必须全部用于生活消费，消费的实物形态就是消费资料，这种消费资料掌握在第二部类的资本家的手里。因此，第二部类中，工人的工资和资本家的剩余价值，可以通过第二部类内部的产品交换来实现。

2. 第一部类的 1000v+1000m 是生产资料，但它们需要的是消费资料，即需要的是第二部类的产品。而第二部类的 2000c 是消费资料，它需要的却是生产资料。因此，第一部类的 1000v+1000m 和第二部类的 2000c，只有通过它们之间的相互交换才能实现。

第一部类　生产资料

$4\,000c+1\,000v+1\,000m=6\,000$

‖

$2\,000c+500v+500m=3\,000$

第二部类　消费资料

3. 通过以上两大交换过程后，第一部类还剩下 4000c 生产资料，这些生产资料只能用于第一部类，是用来补偿该部类消费掉的不变资本。因此，这4000c只有通过第一部类各个资本家的交换才能实现。

两个部类之间的交换

在第一部类中，可变资本v和剩余价值m分别由工人和资本家消费，购买了消费资料。这一行为表现在第二部类就是生产资料转化为货币，即以消费资料的实物形式存在的价值交换。通过这种交换，第二部类的资本家把他们的不变资本2000c从消费资料形式再转化为生产资料形式，使消耗的不变资本得到了补偿，并能重新执行资本的职能。同时，第一部类劳动力的等价物1000v和资本家的剩余价值1000m，则由生产资料的实物形式转化为生活资料的实物形式而进入个人消费。

第一部类生产资料v+m和第二部类消费资料c的交换，是以货币流通作为交换媒介的，这个交换过程分为两个部分：

1. 第一部类可变资本1000v和第二部类不变资本2000c的一半之间的交换。

交换中，第一部类资本家预付可变资本1000。用来购买劳动力。工人用这1000货币的工资向第二部类的资本家购买同等价值的消费资料，这就使第二部类的不变资本2000c的一半转化为货币。第二部类的资本家再用这1000货币，向第一部类的资本家购买价值1000v的生产资料，用来补偿已经消耗的不变资本2000c的一半。这样，就实现了第一部类可变资本1000v和第二

部类不变资本 2000c 的一半之间的交换。第一部类资本家预付的
1000 可变资本也以货币形式重新流回手中。

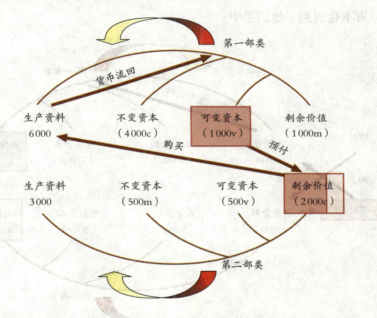

2. 第一部类的剩余价值 1000m 和第二部类不变资本 2000c
的另一半之间的交换。

双方可以用两种方式预付货币。第一种方法：第二部类资本
家先预付货币资本 500，用来向第一部类购买与 1000m 的一半同
等价值的生产资料。而第一部类资本家用这 500 货币，向第二部
类购买 500c 消费资料。第二种方法：第一部类资本家增加 500
的预付可变资本，用来购买第二部类 500c 的消费资料，而第二
部类资本家用这 500 货币，向第一部类购买 1000m 另一半的生产

资料。这样，两个部类的资本家各预付 500 货币，实现了第一部类 1000m 和第二部类 2000c 的另一半之间的交换，预付的货币资本也回到了他们手中。

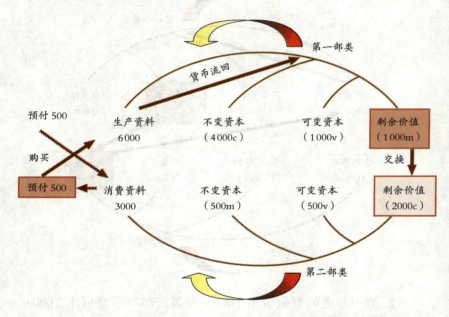

年商品生产的第二部类是由种类繁多的产业部门构成的，第二部类生产的产品即消费资料，可以分成两大分部类：

1. 必要生活资料。这部分产品直接进入工人阶级的消费，是人必要的生活资料，同时也是构成资产阶级的消费的一部分。如，人们每天穿的衣服、用的木梳、照的镜子、吃的馒头、住的房子、坐的汽车等。

2. 奢侈消费资料。这部分产品只进入资产阶级的消费，所以只能和剩余价值进行交换，是非必要的生活资料。通常这些奢侈消费资料在市场上的价格较高，工人仅凭劳动所得是无法承受的，如：高档别墅、豪华跑车、价值连城的珠宝等等。

　　第二部类生产的这两类消费资料，在预付可变资本的回流过程中是有区别的。第一分部类生产的产品，是工人在生产过程中必需的消费资料。生产这些必要生活资料的资本家在支付工人工资后，把这些必要生活资料卖给他们自己的工人，这样，资本家的预付资本，就通过工人用工资购买这批必要生活资料而直接流回到资本家手中。而第二分部类生产的产品，是专门用于资本家的奢侈消费资料，一般工人根本无法购买，它只能由资本家用剩余价值来购买。整个资本回流过程是：资本家把货币工资支付给工人，工人用这些货币工资购买第一分部类的必要生活资料，第一分部类的资本家又用这些货币来购买第二分部类的奢侈消费资料，最后，这些货币才回到第二分部类的资本家手中。具体如下图所示：

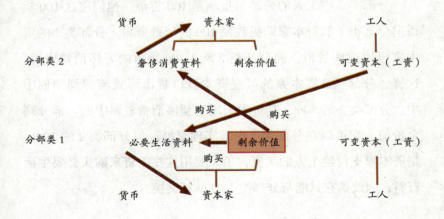

在第二部类内部的交换过程中，两个分部类要保持一定的比例。我们把它分成：分部类1，必要生活资料总量500，v=400，m=400；分部类2，奢侈品，它的价值是100v+100m=200。

假定在第二部类中，有500v+500m是通过内部交换来完成的，如果分部类1的资本家和分部类2的资本家把他们的收入按相同的比例分别用于必要生活资料和奢侈消费资料：3/5用于必要生活资料，2/5用于奢侈消费资料：即分部类1的资本家的剩余价值400m的3/5（240）用于必要生活资料，2/5（160）用于奢侈消费资料。分部类b的资本家也按同样的比例，来分配他们的剩余价值100m，即3/5（60）用于必要生活资料，2/5（40）用于奢侈消费资料。那么，可变资本与之相应的剩余价值的分配如下：

分部类1：必要生活资料，400v+（240+160）m

分部类2：奢侈消费资料，100v+（60+40）m

分部类2中工人的劳动力报酬是100货币，他们用这100货币向分部类1的资本家购买数额100的消费资料。分部类1的资本家再用这些货币，向分部类2购买100货币的奢侈消费资料。这样，分部类2资本家的可变资本就以货币形式流回到他们手中。分部类2的40m，是资本家用于奢侈消费资料中的一部分剩余价值，它可以在分部类2内部实现交换。但分部类2的100v，是资本家支付给工人的工资，工人要用这些工资来购买必要生活资料，因此，它只能与分部类1的m相交换。

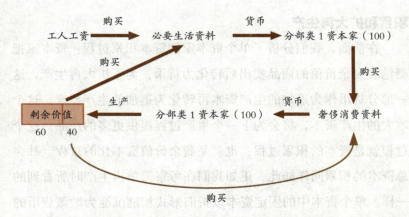

通过以上分析，可以得出结论：在第二部类内部的交换过程中，两个分部类要保持一定的比例。其中，分部类 1 的 v 只能同分部类 2 中 m 的一部分交换，剩下的其余部分则要满足两个分部类资本家的必要生资料的需要。在分部类 1 中，400v 是资本家支付给工人的工资，这 400v 的价值，可以通过资本家和工人的交换来实现，分部类 2 的工人才能购买到必要生活资料，资本家支付给工人的工资才能全部地回流到手中，第二部类内部的交换过程才能实现，社会资本的简单再生产才能正常进行。

总之，简单再生产的基本条件是：第一部类商品资本中相当于 v+m 的价值额，必须等于第二部类商品资本中相当于 c 的价值额。

关键词：必要生活资料　消费资料　奢侈消费资料

积累和扩大再生产

在前面，我们分析了单个资本家的资本积累过程：资本家把凝结着剩余价值的商品卖出后转化为货币，为了扩大再生产，这一部分货币作为追加的生产资本再转化为追加的生产要素。这个增大的生产资本，将会为下一个生产过程提供更多的产品。这个过程就是资本的积累过程，也就是剩余价值资本化的过程。社会总资本的积累同样如此。正如我们在考察简单再生产时所看到的一样，单个资本中的固定资本以折旧形式相继沉淀为贮藏货币的情形，也会在社会总资本再生产中表现出来。

所谓资本积累，就是把剩余价值转化为资本。但是，在资本主义再生产过程中，并不是所有由剩余价值转化而来的货币都可以变成资本。剩余价值转化为资本，必须具备一定的条件：

1. 作为资本积累的货币额必须达到一定的数量。在一定的技术条件下，积累的货币数量必须满足增添机器、设备等固定资本的需要，或者足以开办一个新的企业。资本家每次用于积累的剩余价值总是有限的，因此，资本家必须得经过一段时间的货币积累才能进行扩大再生产。

2. 要有扩大再生产所必需的生产资本要素。当积累的货币数量达到足以进行扩大再生产时，货币就可以转化为生产资本的要素，这些要素必须是在市场可以买到的商品。至于这些要素是作为成品来买，还是按订货制造，在这里没有什么差别。但是，要使扩大再生产能够真正进行，必须是在没有货币的情况下，社会已经存在着扩大再生产的实际可能性，即市场需要扩大后再生产出来的产品。因为，货币本身不是扩大再生产的要素。

货币之所以会从流通中取出，并作为贮藏货币积累起来，是因为资本家出售商品以后，并没有全部购买商品。如果所有资本家都是只贮藏货币而不购买商品，那么，生产的商品又卖给谁？货币又从何而来呢？要回答这个问题，必须从分析第一部类的积累开始。

第一部类的许多产业部门，由于它们创业的时间不同，剩余价值转化为货币资本的过程也各不相同。一部分资本家不断地把他们积累起来的货币资本转化为生产资本，也就是用剩余价值转化而来的贮藏货币购买生产资料，追加了不变资本。而另一部分资本家则继续进行货币资本的贮藏。这两类资本家作为买者和卖者是互相对立的，作为买者的时候不能同时作为卖者，并且每一方在这两种作用中都只起一种作用。

例如，A 和 B 进行商品交换，A 把价值 600 元的商品（生产资料）卖给 B 后，获得 600 元的货币。其中 100 元是剩余价值，A 把这 100 元从流通中取出，并以货币形式贮藏起来。在这个交换过程中，A 是用生产资料同货币交换，B 是用货币交换生产资料。

就是说，在资本的积累过程中，需要积累的货币可以由这个资本积累过程本身来解决。在这里，积累的货币是由进行实际积累的资本家提供的。但是，货币贮藏不是生产，资本主义商品生产以前，就已经产生货币贮藏了。因此，社会拥有的货币量，总

◎货币贮藏是资本主义生产过程中的一个内在因素。

是大于实际流通中的货币量。在这里，货币贮藏是作为货币资本的积累过程来进行的，它是资本主义生产过程中的一个内在因素。

货币积累和实际积累保持平衡，是实现资本积累的前提条件。在交换过程中，一方卖，就必须由另一方买来抵消。因此，在资本的积累过程中，能否保持价值平衡，取决于买卖双方用于互相交换的商品是否具有同等的价值额。

资本的积累包括不变资本的积累和可变资本的积累。

不变资本的积累中，剩余产品是剩余价值的物质承担者，生产资料是不变资本的物质要素。对于第一部类的资本家来说，占有剩余产品，就是在追加不变资本，因为，这些剩余产品从一开始就是由制造生产资料的生产资料构成的。这些剩余产品，只有在商品售卖者手中，才能执行追加的不变资本的职能。但是，这些剩余产品在出售以前，就已经是潜在的追加不变资本了。

如果只考察第一部类再生产的价值量，那么，资本家手中的潜在追加不变资本，就仍然处在简单再生产的范围内。因为，这

图解资本论

些剩余产品只是原来产品中的剩余价值的一部分，不是在追加资本的基础上，耗费更多的剩余劳动而创造的。

简单再生产和不变资本积累的区别在于：在简单再生产中，第一部类的剩余价值全部被资本家花掉，即全部用来与第二部类的生活消费商品相交换，所以，它只不过是以自己的实物形式来补偿第二部类生产的生活资料的生产资料。

在不变资本的积累中，第一部类的剩余价值尽量少与第二部类生活消费商品相交换，这样就可以有更多的货币制造不变资本。完成这种过渡肯定有困难，但是，由于第一部类的许多生产资料可以在两个部类起作用（如盖房子和建别墅都要用砖），完成这种过渡就变得相对容易些了。

由此可以得出结论：如果只考察价值量，那么，扩大再生产的物质基础产生于简单再生产之中。简单地说，这种物质基础就是，第一部类工人的剩余劳动创造的、用于生产的生产资料，也就是第一部类潜在的追加不变资本的物质来源。

不变资本的积累量，取决于社会的生产力发展状况。在一个国家执行职能的生产资本越多，生产资料的生产规模就越大，劳动生产力就越发达，剩余产品的量也就越大，不变资本积累的数量也就越来越多。

在资本主义再生产过程中，由于社会存在着大量的相对过剩人口，劳动力的追加总是非常容易的。有时，不增加劳动力的数量，通过延长劳动时间或提高劳动强度也可以推动更多的劳动，从而实现扩大再生产。

一定量的资本，虽然没有积累，但还是能够在一定界限内扩大它的生产规模。但是，这里讲的资本积累，是特定意义上的资本积累，因此，生产的扩大，不仅取决于剩余价值向追加资本的转化，而且还取决于作为生产基础的资本的扩大。

某些生产部门的产品是货币材料，因此，生产者可以把他剩余产品的一部分作为潜在的货币资本来积累。他不需要先出售他的剩余产品，只要作为潜在货币积累的剩余产品达到必要的数量，就可以把它直接转化为新的可变资本，同样，他也可以直接把它转化为不变资本的要素——生产资料。

生产资料要通过购买存货而追加，也可以通过购买订货而追加。但在这两个场合，都是以剩余产品的增加和生产规模的扩大为前提。

在第一部类的积累中，第二部类的不变资本之所以能够由商品形式转化为生产资料的实物形式，是因为第一部类的可变资本 v 和一部分剩余价值 m，同第二部类的消费资料 c 进行了相互交换。现在，第一部类资本家把他的剩余产品 m 转化为货币后，不是接着购买第二部类的消费资料 c，而是把货币贮藏起来。这样，第一部类资本家虽然实现了货币积累，但第二部类具有同等价值的消费资料 c，由于没有被卖掉而出现生产过剩，从而造成简单再生产中断。

出现这种情况的原因是，我们在分析资本积累和扩大再生产

图解资本论

时，考察的却是简单再生产的条件。

在以上分析中，第一部类资本家追加的潜在货币资本，虽然是剩余产品的货币转化形式，但是，就剩余产品本身来看，它在这里是属于简单再生产，而不是规模扩大的再生产。只有第一部类的可变资本 v 和一部分剩余价值 m，同第二部类的消费资料 c 进行交换，第二部类的再生产才能够按不变的规模进行。第一部类资本家把他的剩余产品卖给第二部类资本家时，虽然以实物形式向第二部类资本家提供了不变资本的相应价值部分，但与此同时，他又从流通中取出了货币，没有接着以买补充他的卖，这就使第二部类资本家具有同等价值的商品卖不出去。

如果我们从整个社会再生产的角度来考察就会发现，第一部类资本家把剩余产品转化为潜在货币资本后，第二部类资本家具有同等价值量的商品资本就不能再转化为生产资本。不能再转化为生产资本，就是相对的生产过剩。于是，第一部类的货币资本过剩，就是第二部类的再生产不足。

怎样由商品资本转化为不变资本的实物形式，是与简单再生产有关的。

根据前面我们采用的公式：第一部类 1000v+1000m 和第二部类 2000c 相交换。

假如第一部类的剩余产品的一半（500m），被作为第一部类追加的不变资本 c，那么，留在第一部类的这部分剩余产品，就不能同第二部类的消费资料相交换。这样，两大部类之间的交换就变为：第一部类 1000v+500m 和第二部类 2000c 的交换。这样，第二部类中的 500c 就不能从它的消费资料形式再转化为不变资本的实物形式。于是，第二部类就会发生生产过剩，第二部类过剩的程度 500c 恰好与第一部类资本积累的程度 500m 相对应。

第二部类的生产过剩将会导致向第一部类资本家购买的生产资料的减少，从而制约着第一部类的再生产。由于第二部类生产过剩而使生产购买缩小，以致第一部类的工人用 1000 元货币购买第二部类的消费资料后，第二部类的资本家也只能用其中的一部分购买第一部类的生产资料，因此，第一部类预付的 1000 元货币也只能部分地流回。由于生产资料只是部分地流回，第一部类的简单再生产也不能正常进行。

总之，扩大再生产的条件是：第一部类必须用它的剩余产品为第二部类提供追加的不变资本，而第二部类也要同样为第一部类提供追加的可变资本。

关键词：货币贮藏　可变资本　积累

图解资本论

第七章

资本和利润

第一节
商品经营资本

　　商业资本是从产业资本循环的商品资本中独立化分离出来的，它与商品资本有着极其密切的关系，商业利润从商品的流通中获得，但商业利润的创造仍来源于生产领域，是剩余价值的一部分。商业资本作为独立发挥作用的资本，它有着自己独特的周转。

　　商业资本又叫商人资本，是历史上出现最早的资本形式之一。商业资本是指在流通领域中发挥作用的职能资本。商业资本属于流通资本，包括商品经营资本和货币经营资本两种具体形式。但通常所说的商业资本是专门从事商品买卖而获取商业利润的商品经营资本。在资本主义生产方式中，商业资本是产业资本的一种形式，即商品资本的转化形式。商品经营资本在我们生活中常见，就是通过买进卖出赚钱的行业，比如服装店、超市、家电商场等等。货币经营资本是指银行、股票、借贷基金等。

　　商业资本是产业资本运行中从商品资本转化而来的。在流通过程中，出售商品实现了价值和剩余价值的职能分离，专门从事商品买卖业务，成为社会总资本中的一种独立资本。比如，一个资本家生产出木梳后就将木梳交给另一个资本家，让他去完成由商品到货币的转化过程。

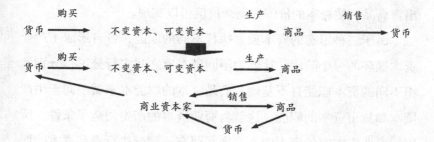

商业资本家首先是货币资本的所有者。在资本主义发展初期，产业资本家自己既从事商品的生产活动，又从事商品的销售活动。随着资本主义生产的发展，市场范围不断扩大，产业资本家为了集中精力从事生产活动并节约流通资本的数量，便要求由专门从事商品销售业务的商业资本家为其推销商品。这样，产业资本循环过程中商品资本的职能就逐渐从产业资本中分离出来，成为由商业资本（独立地在流通领域中发生作用的资本）专门执行的职能。

商业资本是一种独立执行商品资本职能的资本。在产业资本的循环中，商品资本职能具有的相对独立性，使商业资本形成为一种独立资本形式成为可能，主要表现在：

产业资本在其循环过程中，包括购买、生产、销售3个连续的阶段，依次采取货币资本、生产资本和商品资本3种职能形式，执行着3种不同的资本增殖与价值实现的职能。即货币资本负责购买生产资料和劳动力，为生产剩余价值准备条件；生产资本实现生产资料与劳动力的结合，生产剩余价值；商品资本专门出售商品，使资本的价值和剩余价值得以实现。

由于三种形态的资本独立执行不同的职能，各自形成了产业资本循环的一个阶段，这就为不同资本家之间实行分工，分别承担不同的资本职能打下基础。商品资本的职能本来就不同于生产资本和货币资本的职能，这就为商业资本的产生创造了条件。所以，产业资本家的资本中，本来必须有一部分执行商品资本的职能。无论是单个资本还是社会资本，在它们的运动中，总有一部分资本不断地在商品资本形式上作为流通资本停留在市场上，处在从商品资本到货币资本形态变化的过程中。正是产业资本运动中商品资本形式存在的这种客观必然性，才使处在商品流通领域的商品资本有可能从产业资本中分离出来，并独立发挥作用，成为商业资本。

社会分工的不断发展与市场规模的扩大，为商品资本的独立化提供了条件。

产业资本派生出商业资本不仅有可能，而且有必要。在资本主义发展初期，由于生产规模不大，市场范围狭小，产业资本通常是一身二任，自产自销。随着市场范围和规模的扩大，产业资本滞留在流通领域的时间过长，占用的资本量增大，严重地限制了剩余价值生产的扩大，这就在客观上要求商品资本的职能从产业资本中独立出来，以降低产业资本家在此过程中可能的损失。

随着资本主义生产的发展，商品数量和品种的增加，以及流通业务的专门化和复杂化，需要大量的专门人才从事销售活动，

图解资本论

◎社会分工的发展与市场规模的扩大，为商品资本的独立化提供了条件。

产业资本自行完成这一职能是不经济的，也是不可能的。因为市场范围的扩大，商品流通量的日益增加，需要建立庞大的商业机构、营销网络，需要雇用商务代理人和大量商业店员。如果产业资本家仍坚持自产自销，不可避免地会增大商业开支，减少生产领域中的资本投入，降低利润率水平。在这种情况下，由于商业资本专门从事商品买卖，具有产业资本家所不具备的商品流通方面的特有优势，产业资本家就把商品流通的业务专门交给商人去完成，使商品资本职能从产业资本中独立出来，成为商业资本。同时，有一部分资本家积累了一定量的资本，愿意经营商业活动，通过商品的买卖来获利。

可见，商业资本不过是从产业资本中分离出来，独立发挥作用的商品资本，是商品资本独立化的形态。

商业资本家和产业资本家之间形成了一种特殊的社会分工。商业资本的职能要由一个和产业资本所有者不同的专业流通当事人来承担。

商品经济和社会分工的发展，在产业资本家和专门从事商品流通的商人之间形成特殊的分工。商品的买卖由过去产业资本的自产自销活动，变成从产业资本运动中分离出来，由商人独立完成商品资本的职能。如果产业资本自己雇用代理人来推销商品，商品资本就不能转化为独立的商业资本。

专门从事商品买卖的人，必须有自己独立的投资。商人必须预付一定的货币资本，进行专门的商品买卖，并通过经营商品买卖而实现增殖，获得商业利润。如果只有流通当事人而没有他们的独立投资及增殖，那么活动在流通领域的始终是产业资本的职能形态，而不是独立的商业资本，更不会有资本家站出来替别的资本家"义务劳动"。资本家要从中获利，就得低价买进，高价卖出，一把木梳 1.6 元买进，2 元卖出，就样就能从中赚取 0.4 元的差价。

这个差价是什么呢？是生产者转让的部分剩余价值。产业资本家将商品以低于产品价值的价钱直接"批发"给商业资本家，转化为货币，从而节约产业资本的流通时间。即使把商人出售商品的过程计算在内，由于商人专门从事商品的买卖，对市场行情

图解资本论

熟悉，掌握流通渠道，能够缩短商品的流通时间，比产业资本更快地完成商品的形态变化。缩短产业资本循环的流通过程，有利于增加用于生产过程的资本。商品经营资本不仅对产业资本，而且对社会总资本也发挥着重要作用。

从全社会来看，商业资本集中进行商品买卖有关的包装、运输、保管的活动。这样比各个企业的产业资本分散进行更能节约流通资本的数量。产业资本家节省了的流通费用，可以将更多的资本投入生产领域，扩大生产规模。可见，商人能够集中地进行商品的买卖、运输和储藏，用于买卖的资本，必然小于产业资本家亲自从事全部商业活动时所需要的资本总量。有利于产业资本家集中力量从事生产活动，从而提高经济效益，增加利润总额。

商业资本可以同时为许多产业资本推销商品，就全部商人资本同产业资本的关系来看，商人资本的一次周转，不仅可以代表一个生产部门许多资本的周转，而且可以代表不同生产部门若干资本的周转。商业资本熟悉商品的购销、业务、销售网点和促销手段，商业资本家已经修好了商品的销售渠道，拿来商品走在现成的路上，总是要比重新开路要快得多。因此，商业资本可以加速产业资本周转。而且，商人既可以同时为一个产业部门中的很多资本服务，也可以同时为不同产业的资本服务。因此，商业资本的周转可以不受某一产业资本周转的限制，可以在产业资本周转一次的时间里，完成多次周转，从而推动了社会资本的周转。

虽然商业资本不能创造价值和剩余价值，但由于它缩短了流通时间，就提高了利润率；由于它促进整个社会资本的周转，就会减少在流通领域的资本量，扩大直接在生产领域的资本量。

商业资本在流通中专门从事商品买卖活动，简单地说，就是为卖而买。就这一职能来说，商业资本既不创造价值，也不创造剩余价值，只是对商品价值和剩余价值的实现起着流通中介作用。在流通领域内作为单纯商品买卖活动的商业资本家也和产业资本家一样，目的也是为了取得剩余价值。产业资本家分出一部分剩余价值给商业资本家，到最后，他们都是想要得到多出预付资本的那部分剩余价值。

商业资本不创造价值和剩余价值，但它是再生产过程的一个阶段，因此它也要获得利润，否则资本就会转移。商业利润的高低，也受平均利润率规律的支配。根据资本数量，商业资本家获得相应的平均利润。

对商业资本家而言，其参加对剩余价值的分配，不仅要获得商业利润，而且还要同产业资本一样获得平均利润。

这是因为产业资本运动中，商品销售阶段与生产阶段都是至关重要的。生产过程创造的凝结于商品中的价值和剩余价值，必须通过售卖使商品转化为货币，最终实现价值和剩余价值。所以，在流通过程中独立执行职能的商业资本，必须与在不同生产部门中执行职能的产业资本一样，能够获得平均利润。如果商业利润率低于生产部门的利润率，商业部门中的资本就会向生产部门转移；反之，商业利润率高于生产部门的利润率，则会引起生产部门中的资本向商业部门转移。通过商业资本家和产业资本家之间的竞争，资本在生产部门和商业部门之间自由转移，最终使商业利润率与产业利润率平均化。

商业资本是在流通领域中从事商业活动的职能资本，是社会再生产所必需的部分，它与产业资本一样，投资商业的目的不仅要取得利润，而且要取得平均利润。也就是说，商业资本的利润率必须与产业资本的利润率相等。商业资本与产业资本之间也存在着类似于我们前面说的竞争，为了追求利润率，它们可以互相转化，直到利润趋于平衡，产业资本与商业资本之间，才能各自安心于自己的领域。

产业资本就好比是生产木梳的资本家，是通过生产来获取剩余价值。宜家家居的创始人英格瓦·坎普拉德就是个典型的产业资本家。

商业资本家则相对灵活一些，主要是通过买卖来得到剩余价值。超市与金融行业都包含其中，而《福布斯》十大富豪中的股神，人们崇拜的偶像沃伦·巴菲特则是商业资本家的代表。

关键词：商业资本　商品经营资本　货币经营资本

第二节
商业利润

商业利润的来源

商业资本不能产生剩余价值，在整个商品的生产流通领域中，只有在生产中工人产生了剩余价值，商业资本家和产业资本家才能得到利润。因此，商业利润的来源只是总生产资本所生产的剩余价值的一部分。商业利润是将其所剥削获得的剩余价值的一部分，转让给商业资本家。所以，商业利润的来源是产业部门的工人所创造的剩余价值。

商业资本的运动形式是：$G—W—G'$（$G'=G+\triangle G$）。$\triangle G$是商业资本的增殖额，就是商业利润。木梳商人购买生产木梳资本家的商品，经过销售实现价值增殖而获得的商业利润。商业利润就是商人从生产资本家那里分割到的一部分剩余价值。由于商业资本是投资流通领域的资本，不创造价值和剩余价值，所以商业利润从现象形态看似乎是来自木梳售卖价格和购买价格的差额，好像是从流通中产生的。但这只是表面现象，只能表现木梳商人是从木梳售卖价格高于购买价格的差额中来实现其利润的，并不表明商业利润的真正来源。商业利润不在流通中产生，而在流通中实现，它是木梳工人创造的一部分剩余价值的转移，是商业资本参加利润平均化的必然结果。

图解资本论

所以，从本质上说，商业利润是剩余价值的一种转化形式。商业利润的真正来源是产业工人在生产过程中所创造的剩余价值的一部分，是产业资本家转让给商业资本家的一部分利润，它体现了商业资本家和产业资本家共同剥削工人的关系。产业资本家之所以要向商业资本家转让利润，使其参与对剩余价值的分配，是因为商业资本作为产业资本运动中商品资本的独立化部分，分担了产业资本和商品销售职能，从而利于提高产业资本的利润率水平。

商业利润的形成

　　从表面看，商业利润是通过对商品加价而获得的。但实际上，它是通过参与利润平均化而获得的。产业资本家按低于生产价格的价格把产品卖给商人，商人再按生产价格出售。商业利润的实现方式是商品的销售价格高于商品的购买价格。

　　商业资本是怎样从产业资本那里分割到剩余价值的呢？

　　总的来说有两个环节：首先，商业企业预付一笔资本向生产企业购买商品，以低于生产价格的价格从生产企业处买到商品；其次，商业企业按商品生产价格把商品卖给消费者，得到比预付资本更多的货币。

　　因此，商业资本增殖的关键在于：以低于生产价格的价格从生产企业购买商品，按生产价格决定的价格在市场上销售产品。

　　商业资本是怎样实现这种转让，并从中得到利润的呢？举个例子：假定一个社会的产业资本总额为 900（720c+180v），剩余

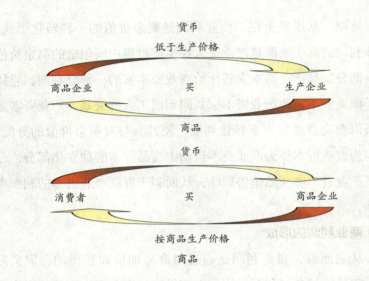

货币
低于生产价格

商品企业　　　　　买　　　　　生产企业

商品

货币

消费者　　　　　买　　　　　商品企业

按商品生产价格

商品

价值率为100％，则社会总产品价值为720c+180v+180m=1 080。产业部门中的平均利润率为180m÷（720c+180v）=20% 再假定商业企业预付的商业资本总额为100，商业资本经过一次或数次周转把价值1080的社会总产品全部销售出去，这样，社会总资本为产业资本（900）＋商业资本（100）=1 000，剩余价值为180，社会资本的平均利润率则是180÷（900+100）=18%。

可见，商业利润是通过商品的购销差价获得的。商业利润显然不是商业资本家在生产价格以上售卖了商品，而是用商业折扣的办法，按低于生产价格的价格向产业资本家购买商品，再按生产价格向消费者（生产消费与生活消费）销售产品，从购销价格的差额中实现商业利润。

商业利润的整个实现过程并不违背价值规律。等价交换是就

图解资本论

商品的最终实现而言的，即等价交换原则是对生产者与消费者的交换关系来说的。因为商业是生产领域和消费领域的中介，商业部门按低于价值的价格购买商品后，然后加合理利润，转手按价值卖给消费者，才是真正体现等价交换的规律。

关键词：商业利润

第三节
商业利润平均化

商业资本参与利润率平均化，使商品生产价格的公式更复杂、更严密了。

现在，产业资本的平均利润须分解为产业利润和商业利润。并且，商业资本和产业资本获得同等的利润率，也像各个不同产业部门的资本会获得同等的利润率一样，是指一种基本趋势来说的。

所以，商品生产价格＝成本价格＋产品利润＋商业利润。

平均利润率的公式也应变为：平均利润＝剩余价值总额÷（产业资本＋商业资本）。

商业利润不过是商业资本家按平均利润率瓜分产业资本家剥削来的一部分剩余价值。从现象上看，商业资本参与剩余价值的分配，降低了产业部门的平均利润率，似乎对产业资本不利。其实则不然，如果没有独立的商业资本，生产企业必须另外在流通领域中垫支一笔资本，其数量将比商业资本更大，从而利润率下降得更多。现在由于有商业企业专门从事商业活动，减少了流通中的资本总量，因而提高了平均利润率，对生产企业也是有利的。因为，商业资本虽然不创造价值和剩余价值，但它在商品交换过程中的中介作用，能够加快商品价值和剩余价值的实现。如果没有商业资本专门负责商品的买卖，产业资本就不能顺畅、快速、低成本地实现自己的商品销售，甚至还要投入更多的资本和流通费用来推销商品，结果导致利润大量减少。

商业资本家参与利润平均化对产业利润有一定的影响，商人资本越大，产业利润就越小，直接从事剥削的资本家的平均利润率小于实际的利润率。

流通费用

商业资本包括两部分：一部分是用来购买商品的资本；另一部分是支付商品流通手段的资本。在支付商品流通手段中，资本是由固定资本要素和流动资本要素构成的。这些要素不会形成商品价值的实际追加，却会形成一个名义上的价值。但是，这整个追加资本不管是流动的还是固定的，都会参加一般利润率的形成。

流通费用是商业资本家在商品流通过程中耗费的各种费用。商业资本家支出的各种流通费用是预付商业资本的组成部分，要通过商品的销售来回收和得到补偿，当然，还要获得相应的平均利润。在这里，流通费用分成了两类，一类是生产性流通费用，另一类是纯粹流通费用。

纯粹流通费用是由商品的价值运动所引起的费用，即价值由商品形态转化为货币形态和由货币形态转化为商品形态而花费的费用，也就是商业资本家为了卖出商品而支出的相关费用，它属于非生产性开支，不能增加商品的价值。

◎流通费用包括生产性流通费用和纯粹流通费用两种，商品的运输费、保管费等属生产性流通费用。

纯粹流通费用包括两部分：一是计算商店的建筑费、设备费、簿记费、广告费、市场、通讯等方面的开支；二是可变资本，用于商品流通企业管理人员的工资等方面的费用。

纯粹流通费用是怎样获得利润呢？

从商品到货币、从货币到商品的转化的活动，既不创造价值，也不创造剩余价值，但是，它是产业资本的必要职能的必要流动，所以纯粹流通费用必须获得利润。流通时间和流通中占用的资本对生产时间和生产资本是一种限制。但是，商业资本的加入会加速资本周转，降低平均利润率减少的速度，如果没有商业资本，产业资本家就要拿出更多的资本来从事商品流通。

纯粹流通费用就像是商业资本家的预付资本，需要得到补偿。纯粹流通费用从实物上补偿，是从社会总产品中每年都要拿

图解资本论

出一部分物质资料供商业部门使用。纯粹流通费用从价值上补偿，就是从每年的剩余价值总额中扣除相应的部分。由于纯粹流通费用不增加商品的价值和剩余价值，因而，纯粹流通费用的补偿和获利只能从产业资本占有的剩余价值中扣除。所以，纯粹流通费用的补偿和获利都是对社会剩余价值的扣除，都在商品价值内得到实现。

纯粹流通费用的补偿、获利从表面上看，似乎增加了社会负担，减少了产业资本的利润，但实际上，产业资本之所以愿意转让这部分剩余价值，是因为只要纯粹流通费用在社会需要的范围内，商业资本经营商品就比产业资本分散经营流通业务更经济，可以大大减少流通中的资本，节约的数量远远超过耗费的纯粹流通费用，并且有助于产业资本的节约和利润率的提高。

现在我们的生活中，有很多代理公司，这种代理公司可以同时代理多家品牌，比如：卖包的就可以同时代理销售英国 POLO、法国都彭；卖衣服的就可以同时经营很多男装、女装的品牌……从此看出，在社会再生产需要的范围内，合理发展商业，有利于降低社会总资本的运行成本，提高社会经济效益。

生产性流通费用是由商品的使用价值运动所引起的费用，是商业资本家为了更快地把产品转化成商品，必须要花的钱，如商品的保管费、运输费、包装费等。生产性流通费用是同生产过程在流通领域内的继续有关的费用，是一种具有生产性的费用。

生产性流通费用内容主要包括买进和卖出之间的那段时间引

起的费用，比如：营业员的工资及所有交易场所的开支；簿记引起的费用——包括簿记人员的劳动和有关的物质消耗；货币引起的费用——作为货币的金和银会磨损；为发行和保管货币支出的费用等。

保管费用是由储备商品使用价值引起的各项费用，包括保管储备品所消耗的活劳动和物化劳动，以及储备品本身数量和质量的损失部分。保管费用虽然是在流通领域内发生的，但却把商品的使用价值完好地储备下来，是商品进入消费领域所必需的。储备一般有3种形式：生产资料的储备（生产木梳的木材、做馒头的面）、生活资料的储备（食品、衣服）、商品的储备（木梳、馒头）。保管劳动只是保存使用价值，不直接增加社会的物质财富。保管费用作为具有一定生产性的流通费用，只有在正常范围和必要的限度内才能加入商品价值。

运输费用是指商品运输上的各项费用支出。运输不同于其他流通活动，运输业一方面形成一个独立的生产部门，成为生产资本的一个特殊的投资领域；另一方面，它表现为生产过程在流通过程内的继续。商品通过运输，到达使用价值的存在地点，这样使用价值才能进入消费。运输虽不增加商品的使用价值，但它却是完成使用价值从生产领域到消费领域所必需的，因此，商品的运输过程应该被看作是一种追加的生产过程，是社会物质资料再生产的内在活动。不过它表现在流通领域，属于生产性的流通费用。运输费用加入商品的数量变化规律是在其他条件不变的情况下，由运输追加到商品中去的绝对价值量，和运输业的生产力成反比，和运输的距离成正比。

运输的工具越先进运输得就越快，运输的距离越短，所用时间就短，那么消耗的生产力也就越少了。古代丝绸之路上是用骆驼和马来运输货物，商人一走就是一年半载甚至好几年，但若改成火车运货，也就是几天罢了。因此，由运输费用追加到商品价格中去的相对价值部分，与商品的体积和重量成正比。一个道理，商品越重、越多，它在运输时所需要的劳动力就越多。

生产性流通费用可以使商品的价值增加，当商品出售即商品价值的实现而得到价值补偿。

商业可变资本的补偿和获利

商业工人是雇佣工人，但又与产业工人存在着差别，因为他们既不生产价值，也不生产剩余价值。我们常见商业工人有超市的收银员、公交车上的售票员、仓库保管员等等。

产业工人的劳动创造价值和剩余价值，商业工人的劳动也分为必要劳动和剩余劳动。剩余劳动虽然不会创造剩余价值，却能创造占有剩余价值的条件。这对资本来说，结果是完全一样的，同样可以得到利润。商业资本家购买他们的目的都是为了获取剩余价值。

商业工人的劳动与产业工人的劳动有本质的不同。

产业工人在生产过程中从事的劳动，可以创造价值和剩余价值，是生产性的劳动；商业工人的劳动，除了一部分生产性劳动，如保管、包装、运输等外，绝大部分从事商品买卖活动的劳动，并不创造商品的价值和剩余价值，是非生产性劳动。商业劳动是实现商品的价值和剩余价值所需要的劳动，是社会必要劳动，商业工人自然有权从社会总剩余价值中分得合理的劳动收入。

在资本主义生产方式中，商业工人的劳动又是雇佣劳动，商业资本家就是依靠这种劳动来完成商品资本职能获取商业利润的，因此，商业工人也是劳动力的出卖者，他们的劳动也分为必要劳动和剩余劳动，或者说有酬劳动和无酬劳动。商业工人的无酬劳动，虽然不创造剩余价值，但能使商业资本家占有剩余价值。因此，这种劳动对商业资本来说是利润的源泉。否则，商业就不可能按资本主义方式大规模地经营了。商业劳动对商业资本来说，与创造剩余价值的劳动是一样的，同样是一种直接的生产劳动。商业资本家通过剥削商业工人的剩余劳动来获得产业资本家让给商业资本家的那一部分剩余价值，商业店员的剩余劳动是商业利润的直接源泉。

商业利润是产业工人在生产领域中创造的，是通过商业工人的无酬劳动在流通领域中实现的。商业利润不仅体现了商业资本家对商业工人的直接剥削，也体现了商业资本家对产业工人的间接剥削。

商业可变资本只能从商品售卖价格中得到补偿。

流通费用分为三部分：投在商品买卖上的资本；物质上的经

图解资本论

营费用，或消耗的不变资本；可变资本。

在商品卖出后，投在商品买卖上的资本自然要得到补偿。物质上的经营费用，或消耗的不变资本的利润是从产业资本所创造的利润中扣除出来的。可变资本也要得到补偿，并且还要获得利润。这个可变资本的补偿从哪里来？也只能从剩余价值中来扣除。商业可变资本在总生产过程中的作用决定了它的补偿方式。商业资本只不过是一部分在流通过程中执行职能的产业资本的独立化形式而已，随着生产规模的扩大，产业资本家必须雇用从事商品买卖的工人。为了减少流通中的费用，他们把这种职能交给商业资本家去完成。因此，产业资本家也愿意从剩余价值中扣除一部分交给商业资本家。

商业资本的周转与价格

商业资本的周转时间和产业资本的周转时间不同。

商业资本作为商品资本独立化的形式，仍执行商品资本的职能，专门从事商品价值和利润的实现活动，即 W—G，并通过商品买卖获取利润。因此，它的运动公式就是 G—W—G′，即商业资本家先投入一定量的货币购买商品，然后再出售商品，获取比原来更多的货币（G+△G）。商业资本运动不断在流通中进行，包括 G—W 和 W—G 两部分。商业资本的运动全部都在流通领域中进行。由于商业资本家不生产商品，只是买卖商品，因此，它的运动过程也分为买卖两个阶段：G—W 购买，即以一定量的货币购买产业资本家的商品；W—G′ 出售，即把商品出售，以获取利润。

产业资本与商业资本在流通过程中的形态变化也不同。

在商业资本的运动中，W—G—W，同一货币换位两次，即出售一种商品换回货币，然后再用这个货币购买另一种商品（生产要素）。

在商业资本运动中，G—W—G′，同一商品被转手两次。支出货币购买商品，然后再出售同一商品换回货币。

在货币购买商品的阶段，商品所有权发生转移，即由产业资本转到商业资本的手中，但商品还没有卖给消费者，而是转给了商业资本家。商业资本还要继续出售，才能最终完成商品资本的职能。对于产业资本来说，W—G 是商品实现的过程、商品资本执行职能的过程。但对于商业资本来说，G—W—G′，就是商人垫支的货币资本的增殖过程。正是由于同一货币被换位两次，商品资本的实现过程 W—G，就被转化为商业资本的 G—W—G′ 的独立增殖过程。

商业资本的运动，同货币充当流通手段的运动不同。商业资本运动就是为了追求利润。由于商业资本的运动是从垫支一定量货币开始的；以货币增殖结束，商品买卖只表现为商业资本获利的媒介或手段，因而，商业资本追求利润的目的可以一目了然。

商业资本的独立化，可以促进经济的发展，但是也不能一味地发展商业资本，只有当商业资本的数量不超过社会必要的比例限度时，才能对产业资本起到有利作用。

图解资本论

一战期间，美国获得将近 400 亿美元的利润，世界上的黄金差不多有一半集中在美国。美国的生产发展、经济繁荣、股票价格直线上升。但随着生产发展，产品增多，人民却越来越贫困、购

◎1929 年 10 月 24 日，美国股市崩盘，纽约证券交易所混乱不堪，美国陷入了经济大萧条的困境中。

◎1929 年经济危机期间，一位"黑色星期五"的受害者以 100 美元的价格出售他的汽车，以尽快得到现金。

买力下降、产品积压，最终爆发了"生产过剩"的危机。1929 年 10 月 24 日，美国暴发了资本主义历史上最大的一次经济危机。一周之内，美国人在证券交易所内失去的财富达 100 亿美元。为了维持农产品的价格，农业资本家和大农场主大量销毁"过剩"的产品，用小麦和玉米代替煤炭做燃料，把牛奶倒进密西西比河，使这条河变成"银河"。当时纽约流行一首儿歌："梅隆拉响汽笛，胡佛敲起钟。华尔街发出信号，美国往地狱里冲！"

　　由此我们了解到，商业资本也有不利于资本主义经济发展的消极方面，商业资本的周转对社会再生产的依赖性和独立性受到

图解资本论

生产与消费的双重限制。商业资本周转促进了经济危机的爆发。由于商人资本的独立化，它的运动在一定界限内不受再生产过程的限制。当商品堆积起来卖不出去时，危机就爆发了。如果商业资本的数量超过社会必要的比例，既造成浪费，又会延缓资本周转速度，还会使平均利润率降低。因为商业资本活动的独立性，使它完全有可能超过社会购买力而盲目购进商品，这给产业资本发出虚假的需求信号，促使产业资本扩大生产，导致生产过剩，从而诱发经济危机。商业资本家购进商品后，商品并未最终进入消费，有的商人还把商品囤积居奇或转手倒卖，形成虚假的市场需求，促使产业资本家盲目扩大生产。这就会导致生产和消费的脱节，加深资本主义再生产的矛盾。这个矛盾的尖锐化，会促进经济危机的爆发。

在资本主义经济的发展过程中，经济危机是周期性重演的，危机与危机之间的间隔表现了一定的规律性。自 1825 年英国第一次发生普遍的生产过剩的经济危机以来，随后发生危机的年份是 1836 年、1847 年、1857 年、1866年、1873 年、1882 年、1890 年和 1900 年。在资本主义自由竞争阶段以及向垄断资本主义阶段过渡时期，差不多每隔 10 年左右

◎这幅漫画将经济危机比作一只笼罩全球的巨大章鱼，而美国资金从外国的撤出则加速了危机的蔓延。

就要发生一次这样的经济危机。进入 20 世纪，在 1900 年危机之后第二次世界大战以前，又发生了 1907 年、1914 年、1921 年、1929—1933 年、1937—1938 年的经济危机，差不多每隔七八年就发生一次危机。

第二次世界大战后，各主要资本主义国家又发生了次数不等的经济危机。20 世纪 90 年代前，就几个主要资本主义国家看，发生经济危机的次数是：

美国 7 次（1948—1949 年、1953—1954 年、1957—1958 年、1960—1961 年、1969—1970 年、1973—1975 年、1980—1982 年）

日 本 7 次（1954 年、1957—1958 年、1962 年、1965 年、1970—1971 年、1973—1975 年、1981 年）

联邦德国 7 次（1952 年、1958 年、1961 年、1966—1967 年、1971 年、1974—1975 年、1980—1982 年）

法国 5 次（1952—1953 年、1958—1959 年、1964—1965 年、1974—1975 年、1980—1982 年）

英 国 7 次（1951—1952 年、1957—1958 年、1961—1962 年、1966 年、1971—1972 年、1973—1975 年、1979—1982 年）

> 关键词：商业利润平均化　流通费用　纯粹流通费用　生产性流通费用　补偿　获利